도대체 언제까지
인간관계로
힘들어야 하는가

도대체 언제까지 인간관계로 힘들어야 하는가

성남주 지음

바이북스
ByBooks

인간은 사회적 동물이라고 한다. 태어나면서부터 가족 관계가 형성되고 성장과 더불어 사회 집단 속에서 서로 관계를 맺으며 생활하게 된다. 자연스럽게 자신이 속한 사회의 언어와 문화를 습득하여 타인과 소통하고 서로 협동하며 살아간다. 그것을 통해서 인류는 나날이 발전해나가는 것이다. 언뜻 인간은 개개인으로 존재하는 듯이 보이지만, 실제로는 가족을 비롯하여 사회와의 유기적 관계 속에서 성장하며 살아간다. 발전적인 사회를 형성할 수 있는 능력은 인간만이 가지고 있는 커다란 강점이다. 이러한 인간 사회는 가족으로부터 시작된다. 어떤 순간에도 자기편이 되어주는 든든한 백이 되어주는 가족에서 인간관계가 시작된다.

하지만 세상 살다 보면 누구나 어쩔 수 없이 겪는 아픔이 있다. 이러한 아픔으로 지울 수 없는 상처를 남기기도 한다. 이럴 때 조건 없이 달려와서 사랑으로 포근히 감싸 안으며 절망을 딛고 일어설 수 있도록 희망을 주는 사람이 있다. 바로 내 가족이다. 가족은 한평생 자기 인생의 동반자다. 인생의 긴 여정에서 고단한 삶에 지친 자신을 언제나 낯익은 눈물로 위로해주고 생의 마지막 순간까지 자신의 곁을 지켜줄 사람들이다. 그런데도 우리는 일상에서 그 소중함을 잊고 산다. 항상 곁에 있기에 소중함을 모르고 해서는 안 될 막말과 행동으로 상처입고 힘들어 하기도 한다. 살다보면 정말 어려울 때 옆에 있어줄 사람이 절실히 필요함을 느낀다. 진정 어려울 때 진짜 필요할 때 옆에 있어줄 사람이 바로 가족인 것이다.

어머니, 부모, 더 나아가 가족구성원들이 주는 사랑은 '곁'을 채워줄 수 있는 가장 소중한 정서적 자원이다. 이 사랑의 결핍은 자라는 아이들에게 많은 영향을 준다. 불행히도 이 사랑의 주체가 결핍될 경우 필연적으로 물질적 결핍이 따라오게 된다. 인간은 살아가면서 여러 결핍을 경험하게 된다. '결핍'은, 이를 극복하거나 채우기 위해서 인간을 점점 단단하게 발전시키기도 하지만, 극복에 실패할 경우 끝없이 좌절하고 포기하여 극단적으로 삐뚤어지게 만드는 무서운 양면성을 지니고 있다.

가정이란 인생의 출발지요 종착지이다. 인생의 첫 만남이 이루어지고 삶의 마지막 이별을 하는 곳이다. 가장 사랑하는 사람이요, 가장 소중한 사람이 바로 가족이다. 가족과의 관계를 통해서 내가 누구인가를 알게 되고, 삶의 행복과 사랑하는 법을 배우게 된다. 가족이란 조건 없는 사랑과 용서를 경험하게 해주는 사람들이다. 세상 모두가 나를 비난하고 욕해도, 가족은 내 입장을 이해해주고, 내 편이 되어주어서 나와 함께하는 동행인이다. 세상에서 시달리고 피곤해져도 가족의 품으로 돌아오면 마음 편히 쉴 수 있고, 회복이 이루어지는 곳이 바로 가정이다. 아무리 맛있는 식당이 있다 하더라도 몇 번 먹으면 질린다. 하지만 집 밥은 매일 먹어도 질리지 않는다.

세상에서 아름답다는 관광지를 다 다니면서 감탄을 하더라도, 집처럼 편안한 곳은 없다. 여행의 피로를 씻어주는 곳이 가정이기 때문이다. 휴식하기 가장 편안 곳, 안식하기 가장 좋은 장소는 가정이다. 하지만 현대인의 가족 경험은 그다지 행복하고 좋은 기억만 있는 것은 아니다. 왜 그럴까? 조건 없는 사랑을 받고 용서를 경험해야 할 장소에서 서로를 이해하지 못해서 싸우기 때문이다. 아무리 좋은 가족이라 하더라도 서로를 이해하고 사랑하지 못하면, 고통을 줄 수 있다. 따라서 우리는 가족이란 무엇이고, 가정은 어떤 곳이 되어야 하는지 깊이 생각해야 한다. 왜 우리 사람은 가정에서 태어나고, 성장하게 되었는지 그 뜻을 깨달아야 한다. 험난한 사회에서의 인간관계도 가정의 인간관계에서 출발하게 되는 것이다.

인간관계는 크게 두 가지만 잘 지켜도 무난하다. 남 탓하지 않고 자기부터 돌아보는 태도와 역지사지하는 습관이다. 이 두 가지가 몸에 밴 사람은 문제도 별로 없지만, 문제가 생겨도 원만히 해결할 수 있다. 문제가 생기면 남 탓부터 하는 사람은 항상 본인을 피해자라 여겨 주변을 적으로 만든다. 시각이 삐딱하니 세상이 삐뚤어보인다. 이러한 것을 해결하는 게 역지사지다. 뭔가 꺼림칙한 게 있으면 상대 관점에서 사안을 처음부터 짚어 보는 거다. 그러면 안 보이던 게 보이기 시작한다. 거기서 자기 잘못을 발견했다면 깔끔하게 인정하고 다음부터 안 그러면 된다.

하지만 이게 어려운 이유는 자존감이 강해야 가능한 행동이라 그렇다. 자존감이 약한 사람은 관계보다는 자존심을 먼저 챙기기 때문에 상대와의 관계가 망가진다는 사실 자체를 인지하지 못한다. 그래서 막말도 쉽게 한다. 당연히 사과도 못 한다. 사과하면 지는 것이라 생각해서 그렇다. 좋은 인간관계는 자존감에서 출발한다. 자존감이 빈약하면 내가 없으니 너도 없는 셈이다. 관계도 내가 있을 때 상대도 있는 것이니 먼저 나부터 단단하게 만드는 게 우선이다. 하지만 자존감 부족은 여간해선 해결하기 어려운 부분이라 인간관계가 엉망인 사람은 늘 그런 상태를 벗어나기 어렵다. 이렇게 어려운 인간관계의 출발은 가정이지만, 인간관계의 형성은 자아와 존중감인 자존감에서 만들어진다. 자존감이 튼튼하게 형성되기 위해서는 독서가 바탕이 되지 않고서는 어렵다는 것을 이 책을 통하여 전하려 한다.

성남주

chapter

1

무엇이 문제인가

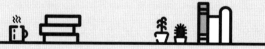

1
인생의 소중한 6개 공

언젠가 코칭워크숍에 참석했을 때이다. 팀별로 점토를 이용하여 전달하고 싶은 메시지를 만들어 발표하는 과제였다. 어떤 팀의 주제가 워라밸로 정하여 발표하는 것을 보며, 워라밸이라는 용어를 처음 들었다. 세상의 변화는 너무 빠르다. 새로 만들어지는 신조어는 따라잡기 힘들 정도이다. 워라밸이 무슨 뜻이지? 하고 발표를 지켜보면서 일과 삶의 균형이라는 것을 알게 되었다. 워라밸이란 '일과 삶의 균형Work-life balance'이라는 표현이다. 1970년대 후반 영국에서 개인의 업무와 사생활 간의 균형을 묘사하는 단어로 처음 등장했다. 우리는 단어의 앞 글자만을 따서 '워라밸'이라 줄여서 사용하기 시작한 것이다. 워라밸은 높은 업무 강도에 시달리거나, 퇴근 후 SNS로 하는 업무 지시, 잦은 야근 등으로 개인적인 삶이 없어진 현대사회의 신조어이다. 직장이나 직업을 선택할 때 고려하는 중요한 요소 중 하나가 되고 있다. 고용노동부에서는 2017년에 워라밸의 제고를 위해 '일·가정 양립과 업무 생산성 향상을 위한 근무혁신 10대 제안'을 했을 정도이다. 현대를 살아가는 사람들에게 일이 전부가 아니라고 경종을 울려 주는 용어이다. 삶에서 조직의 일도 중요하지만, 개인의 삶도 중요하다. 일과 삶을 어떻게 균형 있도록 만들어 갈 것인가에 관심이 높아졌다. 2018년 대한민국을 휩쓴 소비트렌드 10대 키워드 중의 하나였다.

인생에는 소중한 공 5개가 있다고 2000년 코카콜라의 전 CEO인 더글라스 대프트가 신년사에서 말했다. 더글라스 대프트 CEO는 신년사에서 이렇게 말했다.

인생을 공중에서 5개의 공을 저글링하는 것이라고 상상해 보자. 각각의 공을 일, 가족, 건강, 친구, 그리고 자신의 영혼이라고 생각하자. 얼마 되지 않아 일이라는 공은 고무공이어서 떨어뜨려도 바로 튀어오른다는 것을 알게 된다. 하지만 다른 4개의 공들(가족, 건강, 친구, 그리고 영혼)은 유리로 되어 있다는 것도 알게 될 것이다. 만일 당신이 이중 하나라도 떨어뜨리게 되면 떨어진 공들은 상처입고, 긁히고, 깨어져 버리게 되어 결코 다시는 전과 같이 될 수 없다는 것을 알게 된다. 당신은 이 사실을 이해하고 당신의 인생에 있어서 이 5개의 공들의 균형을 잡기 위해 고군분투해야 한다.

그럼 어떻게 해야 균형 잡히게 할 수 있을까? 당신 자신을 다른 사람들과 비교하지 말아야 한다. 비교하면서 자신을 과소평가하지 말아야 한다. 왜냐하면 우리들 개개인은 제각기 다르고 특별한 존재이기 때문이다. 당신의 목표를 다른 사람들이 중요하다고 생각하는 것들에 두지 말고 당신 자신에게 가장 좋다고 생각되는 것에 두어라. 당신에게 가장 가까이 있는 것들을 당연하다고 생각하지 마라. 당신의 삶의 일부라고 생각하고 그것들에 충실해라. 그것들이 없으면 당신의 삶은 무의미할 수 있다. 과거나 미래에 너무 집착해 당신 현재의 삶이 손가락 사이로 빠져나가게 하지 말라.

당신의 삶이 하루에 한번인 것처럼 삶으로써 인생의 모든 날들을 살게 되는 것이다. 아직 줄give 수 있는 것이 남아 있다면 결코 포기하지 말라give up. 당신이 노력을 멈추지 않는 한 아무것도 진정으로 끝난 것은 없다.

당신이 완전하지 못하다는 것을 인정하기를 두려워하지 마라. 우리들을 구속하는 것이 바로 이 덧없는 두려움이다. 위험에 부딪히기를 두려워 말고 우리가 용기를 배울 수 있는 기회로 삼아라. 찾을 수 없다고 말함으로써 당신의 인생에서 사랑의 문을 닫지 마라. 사랑을 얻는 가장 빠른 길은 주는 것이고, 사랑을 잃는 가장 빠른 길은 사랑을 너무 꽉 쥐고 놓지 않는 것이다. 사랑을 유지하는 최선의 길은 그 사랑에 날개를 달아주는 것이다. 당신이 어디에 있는지도 모르고 어디로 향해 가고 있는지도 모를 정도로 내달리는 삶을 살지 마라. 사람이 가장 필요로 하는 감정은 다른 사람들이 그 사람에게 고맙다고 느끼는 그것이다. 시간이나 말을 함부로 사용하지 마라. 둘 다 다시는 주워 담을 수 없기 때문이다. 인생은 경주가 아니라 그 길을 한 걸음 한 걸음을 음미하는 여행이다. 어제는 역사이고, 내일은 비밀이고 그리고 오늘은 선물이다. 그렇기에 우리는 현재present를 선물present이라고 말한다.

더글라스 대프트가 말한 5개의 공인 일, 가족, 건강, 친구, 그리고 영혼에 하나를 더하고 싶다. 그 하나는 사랑이다. 사랑은 두 가지로 나누어진다. 아카페적 사랑과 에로스적 사랑이다. 아카페적 사랑은 고무공이기에 상처는 입어도 깨어지지는 않는다. 아가페는 헌신적인 사랑이기에, 주는 것이 많은 사랑, 또는 주기만 하는 사랑이다. 잘못 다루다 균형을 이루지 못해도 고무공처럼 다시 튀어 오른다. 하지만, 에로스적인 사랑은 유리공이어서 잘 못 다루다 떨어지면 깨어지고 만다. 에로스적 사랑은 육체, 정신적 사랑을 통틀어 말하는 것으로 서로 주고받는 사랑이기에 균형이 맞지 않으면 깨어지고 만다.

삶에서 코카콜라 전 CEO인 더글라스 대프트가 말한 5개에 사랑, 그중에서도 에로스적인 사랑을 저자는 포함시키고 싶다. 젊은 청춘 남녀에게는 마지막 6번째의 공이 더 소중할 수 있다. 인생의 6개 공인 일, 가족, 건강, 친구, 영혼 그리고 사랑을 균형 있게 잘 다루어야 행복한 삶을 살 수 있다.

2019년 10대 소비트렌드 키워드 제공한 《트렌드코리아 2019》에서 김난도 교수는 "감정대리인, 내 마음을 부탁해"라는 신조어를 처음으로 사용했다. 정보의 과잉과 가짜뉴스 속에서 무엇도 확신할 수 없어진 결정장애 세대, 그리고 어릴 때부터 디지털 기기와 상호작용하며 사람 간의 관계 맺기를 힘들어하기 시작한 디지털 원주민들이 사회활동에 나섰다. 인간의 가장 원초적인 본성인 감정조차 타인으로부터 답을 구하는 세대라 한다. 리액션 전문 패널을 중간에 끼운 '액자형' 관찰예능 프로그램을 즐기고, '대신 화내는 페이지'를 찾아 감정조차 외주준다는 끔찍한 표현을 사용했다. 사람 간의 접촉을 대신하는 언택트 기술과 희석돼가는 대인관계 속에서 이제 감정 표현조차 대리인을 찾게 된 것이다. 요즘 유행하는 오락프로그램을 보면 얼마나 심각한지 알 수 있다. 〈나 혼자 산다〉, 〈미운우리새끼〉, 〈전지적 참견시점〉 등이 액자형 관찰예능프로그램이다.

〈전지적 참견시점〉 프로그램에 〈나는 자연인이다〉의 이승윤이 매니저와 나온다. 〈나는 자연인이다〉는 세상을 등지고 산속에 들어가 사는 사람을 취재한 예능프로그램이다. 요즘처럼 힘든 세상에 저렇게 살아보고 싶다는 소망을 갖게 해주는 예능프로그램이기도 하다. 하지만 사람은 혼자 살 수 없게 만들어져 있다. 그러기에 아리스토텔레스가 인간은 사회적 동물이라고 했다. 인간이 개인으로서 존재하고 있어도 유일하게 존재하고 있는 것이 아니다. 끊임없이 타인과의 관계 하에 존재하고 있다는 것을 말하는 용어이다. 즉, 개인은 사회 속이 아니면 존재할 수 없다는 것이다. 인간은 사회의 자식이며, 사회공동체의 형성자로서 포착될 수 있다는 것을 뜻한다.

〈나는 자연인이다〉라는 프로그램의 삶이 좋아 보일지라도 그 이면에는 더 힘든 내용이 숨겨져 있다. 예능프로그램이니 좋고 긍정적인 부분만 촬영하고 편집했기에 좋아 보인다. 베이비부머세대, 특히 남자들의 로망이지만 실제 해보면 견뎌낼 사람은 그렇게 많지 않을 것이다. 인간은 사회적인 것임과 동시에 사회의 형성자로서 참가한다. 사회는 어디까지나 개인을 기초로 성립되는 동시에 개인은 사회를 짊어지고 나가야 하는 책임을 지고 있다.

가끔은 그냥 혼자이고 싶을 때가 있다. 사람들과의 관계에 있어 골치 아프고 속이 상하고 마음을 다치고 기분 나빠할 때엔 그런 생각이 든다. 처음부터 혼자였으니 그냥 혼자로 돌아가고 싶다는 생각을 한다. 마음의 짐을 가능한 털어버리려 노력을 해 보지만, 해결하지 못할 때에 더 더욱 혼자이고 싶을 때가 있다. 하지만 세상은 혼자 살 수 있도록 만들어져 있지 않다. 〈나는 자연인이다〉의 내용을 보이는 대로 믿어서는 안 된다. 즐겁게 보여주는 날보다 혼자서 외롭고, 힘들고, 무서운 날들이 훨씬 많을 것이다. 생활하는 내용에 나오기도 하지만, 세상에서의 아픔을 안고 들어간 사람이 많다. 사업에 실패했거나, 건강을 심하게 손상하였거나, 그렇지 않으면 가정이 깨어진 경우가 많다. 모두가 그렇다고 그분들을 욕되게 하려는 의도는 아니다.

진정하게 자연을 벗 삼아 살고 싶다면, 혼자서가 아닌 함께 살 수 있는 곳으로 갈 것을 추천한다. 사람은 서로 어울려 살아야하기 때문이다. 인간은 사회적으로 연계하여 함께 살아가야 한다. 힘들고 어려운 인간관계를 피하려고 해서는 안 된다. 정정당당하게 맞서서 헤쳐나가는 용기가 필요하다. 헤쳐나가겠다는 마음이 필요한 곳이 사회이다. 디지털 원주민이 세상에 진출한 시대라도 디지털로만 세상을 살아갈 수 없다. 사람과 사람의 교류에 의해 세상은 존재하고 그 가치가 증대된다. 인간관계가 힘들다고 피해갈 것이 아니다. 인생에서 소중한 공 6개를 적절히 균형 있게 유지해가는 것이 필요하다. 어떻게 균형을 잡아가야 할 것인지에 대해 차츰 차츰 찾아보기로 하자.

2
내 마음 같지가 않다

지인의 사례이다. 책 읽으면 용돈을 주겠다고 딸에게 제안을 했다. 한 달에 4권을 읽으면 책값과 용돈을 합해서 주겠다고 제안을 했다. 눈에 넣어도 아프지 않을 딸이 책 읽는 습관을 갖게 만들어 주기 위해서다. 딸은 "그래요 그렇게 해볼게요!"라고 대답은 했지만, 쉽게 읽어지지 않는다. 직장생활 하면서 퇴근하면 피곤에 지쳐 파김치가 되기 십상이다. 읽으면 좋고, 읽어야겠다고 마음은 먹지만, 피곤한 몸이 따라주지 않아서 읽지 못한다. 책 읽는 것이 재미가 없어서 그럴 수 있다. 아니면 SNS에 빠져서 허우적대고 있기 때문일 수 있다. SNS는 얕은 정보는 얻을 수 있을지 모르지만 깊이가 없다. 용돈을 생각하면 읽어야 하겠는데, 마음과 몸이 따라주지 않는다. 책을 약속한 만큼 읽어내지 못했기에 아빠에게 용돈을 받을 수 없다는 것을 안다.

"아빠는 용돈 준다고 해놓고서 왜 용돈을 주지 않으세요?"라고 때를 써보지만, 자신이 책을 다 읽지 않았다는 것을 안다. 책을 읽지는 못했지만 용돈은 받고 싶은 것이다. 아빠가 딸에게 조건을 내건 것은 이유가 있다. 아빠는 딸의 마음이 예뻐지기를 바라는 마음에서다. 마음의 소양이 넓고 풍부해서 이해심이 많고, 현명한 사람으로 성장하기를 바라는 마음에서이다. 여자가 예쁘고, 눈에 띌 만큼 매력적인 몸매도 중요하지만 내면의 아름다움이 더 중요하다. "마음이 고와야 여자지! 얼굴만 예쁘다고 여자냐?"라는 노랫말이 있듯이 여자는 마음도 예뻐야 한다. 아빠는 딸이 겉으로 드러나는 아름다움에만 신경 쓰지 않고, 마음까지 예쁘면 좋겠다는 바람을 갖고 있기 때문이다. 요즘 젊은 친구들은 하루 종일 휴대폰에 빠져 있기만 하고 책은 읽으려 하지 않는다. 사소한 정보는 많을지 몰라도 깊이 있게 마음이 예뻐질 방법이 없다.

직업에 귀천이 없고 평등하다고 이야기하지만 과연 그럴까? 예외도 있겠지만 의식이 살아 있는 많은 사람들에 의해 세상은 돌아간다. 현실과 맞닥치는 것이 자신의 일이라면 저울의 기울기는 물질로 기울어지게 되어 있다. 그렇게 살 수밖에 없는 것이 세상이다. 예쁜 여성 중에도 올바른 가치관을 가지고 배우자를 선택하는 훌륭한 여성이 있다. 반대로 예쁜 것을 무기로 사용하여 상처를 내는 여성들도 있다. 하나를 얻으면 하나는 내려놓는 것이 인지상정이고 세상 살아가는 진리라고 생각한다. 마음가짐을 바꾸면 인생이 바뀐다. 삶은 생각하기에 따라 행복하기도 하고 불행하기도 한다. 책을 읽으면 마음이 풍성해지고 보통은 행복해한다. 세상의 일들이 자신을 배신하는 줄 알았는데, 자신을 위해 존재한다는 것을 알게 된다. 이러한 모든 것들이 마음이 풍요로워야 느낄 수 있는 감정이다. 감정이 풍부하고 마음이 아름다우면 그 아름다움이 밖으로 발산하게 된다. 결국 내면이 풍요롭지 못하면 삶도 궁핍할 수밖에 없다는 진리를 알게 될 것이다.

우리나라 부모는 자식에게 공부 열심히 하라고 잔소리를 많이 한다. 하지만 열심히 공부해야 하는 이유를 이해하도록 설명하지 않는다. 먹고살기 힘들 때에는 공부만 잘하면 잘 살 수 있을 것이라는 희망이 있었다. 그러기에 가난한 집 자식들이 공부 열심히 해서 성공하는 경우가 많았다. 일명 "개천에서 용 난다."고 했었다. 하지만 요즘은 있는 집 자녀들이 더 공부를 잘한다. 사교육비 많이 들여서 공부시키는 집안 자녀들이 더 좋은 성적을 낸다.

직업에는 귀천이 없다고 한다. 하지만 학교를 졸업하고 취직하려고 할 때 그렇지 않다는 것을 느끼게 된다. 우리나라 기업은 임금의 격차가 심해서 대기업과 중소기업의 급여차이가 심하다. 그러기에 적은 시간 일하고 많은 보수를 주는 대기업을 선호하는 것은 당연하다. 필요한 만큼 벌어서 자신의 꿈을 향해서 사용할 수 있기 때문이다.

"딸아 공부 좀 열심히 해서 좋은 대학 가야지"라고 공부하라고 충고한다. 하지만 보통 자식들은 공부에 별 흥미가 없다. 열심히 공부해도 성적이 별로 오르지 않아서 그럴 수 있다. "아빠 나는 좋은 대학 안 가도, 성격 좋고 부유한 사람과 결혼할 자신 있으니 걱정하지 마!"라고 당돌하게 대답한다. "학창시절에 공부 열심히 하지 않으면 분명 후회할 거다"라고 말하면, "아빠 내가 좋은 대학 못 가면 창피스러워 그러시는 거지"라고 공부 열심히 하는 것이 부모를 위한 일인 것처럼 말한다. 부모의 얼굴을 세워주는 것처럼 말이다. 물론 자식이 공부 잘하는 것을 자랑스러워하지 않을 부모 없다. 하지만 부모가 자랑하려고 하는 것은 아니다. 물론 공부가 인생의 행복과 직결되지 않는다는 것도 안다.

상대방을 위해 조언했는데 수용하기는커녕 반발만 불러일으키는 경우가 있다. 조언은 때로 상대방에게 상처를 주기도 한다. "누가 뭘 부탁하면 거절하지 못한다."며 스스로 자신을 제한하고 있을 때는 다른 사람의 조언이 아닌 스스로의 깨달음이 도움이 된다. 그리고 그 깨달음을 위해서는 질문하는 것이 효과적이다. 아빠는 딸에게 질문을 통해서 스스로 깨달음을 찾도록 도움을 주어야 한다. "적은 시간 일하고 돈 많이 버는 직장 갖고 싶나? 아니면 많은 시간 일하고 돈 적게 받는 직장에 들어가고 싶나?"를 자식에게 질문을 통해서 스스로 깨우치도록 해주어야 한다. 전자의 직장에 취직하려면 공부 열심히 해야 한다는 조언은 또 반발을 일으킬 수 있다. 그렇게 하려면 '어떻게 해야 할까?'라는 질문으로 자식이 스스로 답을 찾도록 도와주고 기다려주어야 한다. 그렇게 스스로 찾은 해답은 실행하려고 노력하게 된다.

"어리석은 사람은 눈앞의 괴로움에 힘들어한다. 살아가는 발걸음 하나하나가 고통일 뿐이다. 결국에는 포기하고 멈춰 서게 된다. 여기에 비해 현명한 사람은 눈앞의 힘든 발걸음에 집착하지 않고 여정 끝에 분명히 있을 목표와 기쁨을 바라본다. 심지어 그 힘든 발걸음 하나하나가 아름다운 성공을 위한 발판으로 여겨져 오히려 기쁨을 느끼기도 한다"고 윌리엄 제임스는 말했다. 결국 인생을 불행하게 만드는 것은 결코 외적인 문제가 아니라 자신의 내적인 문제라는 것이다.

미국의 심리철학자 윌리엄 제임스는 "우리 시대의 가장 위대한 발견은 마음가짐을 바꾸면 삶이 바뀐다는 사실이다"고 말했다. 마음가짐이 달라지기에 의식을 바꾸면 세상이 달라진다는 것으로 인생은 마음의 태도로 배워가는 것이라 했다. 여기에서 우리에게 주는 메시지는 사람은 마음가짐을 바꿈으로써 인생을 바꿀 수 있다는 것이다. 삶에 어려운 일이 생겼을 때 한 발짝 물러서서 바라볼 수 있어야 한다는 것이다. 행복은 한 쪽 문이 닫힐 때, 다른 한 쪽 문이 열린다. 하지만 우리는 그 닫힌 문만 오래 바라보느라 우리에게 열린 다른 문은 보지 못하곤 한다. 당신이 어떤 마음으로 삶을 살고 있느냐에 따라 행복할 수 있고, 불행할 수도 있다. 행복과 불행은 선택이다. 마음가짐을 바꾸면 인생이 바뀐다.

세상을 살다보면 내 마음 같지 않을 때가 많다. 특히 자주 보는 가까운 가족과의 관계에서도 그렇다. "내 말 안 해도 내 맘 알지?", "꼭 이야기해야 아나?", "쑥스럽게 어떻게 사랑한다고 이야기 하겠나?"라고 경상도 남자들은 무뚝뚝함을 무슨 자랑인 것처럼 이야기한다. 인간관계에서 이야기하지 않으면 모른다. 정확하게 의사전달이 일어나지 않을 수 있다. "사랑한다"고 이야기를 해야 한다. "내 마음 알지?"가 아닌 "나는 당신을 사랑합니다"라고 표현을 해야 한다. 꼭 말로써 전달해야 한다는 것은 아니다. 스킨십을 하든지, 눈빛을 통해서 왜곡되지 않도록 전달해야 한다. 세상 사람들의 마음이 자신의 마음과 같을 것이라는 기대는 금물이다. 같을 수도 없으려니와 같지 않다고 잘못된 것도 아니다.

인생을 살아본 부모의 마음과 자식의 마음은 다를 수 있다. 부모는 삶의 경험을 통해서 알고 있기에 하는 충고이지만 자식은 잔소리로 들린다. 자식은 당장 충고를 만족시켜주지 못해서 그럴 수도 있지만, 미리 준비해야 하는 필요성이 간절하지 못해서 그렇다. "주어진 것에 감사하라"는 말이 있다. 어쩌면 진부하고 쓸모없는 것처럼 느껴질 수도 있다. 하지만 매사에 감사하며 살다보면 긍정적이고 행복한 생활에 도움이 된다. 하지만 모든 것에 감사만 하고 안주하면 발전이 있을 수 없다. 고통을 감내하거나 온갖 노력을 기울여야 더 큰 행복을 잡을 수 있다. 너무 많은 욕심과 큰 계획을 가지라는 것은 아니다. 매일의 일상에서 행복을 찾을 수 있는 가장 간단한 방법이다. 미래에 나에게 주어진 것을 내다보는 눈이 필요하다. 미래의 꿈을 향해 가기 위해서는 당장의 행복과 안위는 조금 참을 줄 알아야 한다. 어쩌면 그렇게 꿈을 향해가는 것이 행복해질 수 있는 가장 쉽고 빠른 지름길일 수도 있다. 내 마음 같지 않다고 이야기하기 전에 충분한 의사소통이 필요하다. 의사소통은 상대의 말을 충분하게 들어주는 경청이 먼저다. 자신의 주장을 먼저 전달하려는 조언은 충분히 듣고 난 이후에도 하지 마라. 질문을 통해서 스스로 깨우치도록 해주는 것이 중요하다.

3
우리 모두는 각자 다른 행성 출신

어느 날 부인이 퇴근한 남편에게 낮에 있었던 일을 이야기한다. 아이가 뛰어놀다 넘어져 다친 이야기, 아래층에서 시끄럽다고 올라온 것, 이런 일들을 시어머니에게 전화했더니 아이를 잘 보지 못해 다치게 한 것에 대한 꾸중 등으로 하루 내내 힘들고 속상했다는 말이었다. 남편도 처음에는 부인을 위해서 자신이 해결해주어야 할 것이 있나하고 귀 기울였다. 하지만 남편이 듣기에 부인의 말에는 도무지 '초점이 없었다.' 애가 다쳤다고 했다가, 아랫집에서 따지러 올라왔다고 하더니, 결국에는 시어머니 때문에 화가 났다는 말이었다. 분간하기가 어려웠다. 급기야 조금 짜증이 나서 "아, 그래서 나한테 뭘 어떻게 하라고? 나도 어쩔 수 없잖아! 당신이 잘 좀 하지 그랬어?"라고 소리치고 말았다.

이렇게 되면 이후 진행은 불을 보듯 뻔하다. 부인은 남편이 뜻밖에 벌컥 화를 내는 것에 놀라고 겁이 났다. "아니, 왜 화를 내고 그래? 자기가 그러면 나는 어떻게 해야 하는데?"하며 울음을 터뜨렸다. 이런 남편에게는 아내가 너무 한심해 보인다. 아예 상대를 하지 말기로

하거나, 혹시라도 해야 한다면 건성으로 대하는 것이 속 편하겠다고 생각하게 된다. 그 결과, 남편이나 부인 모두 상대와의 대화에서 원하는 것을 얻지 못하고 실망만 경험하게 된다. 이런 과정이 반복되다 보면, 두 사람 모두 "내가 결혼을 잘못했구나!" 하고 단정하여 더 큰 불행에 빠지게 되는 것이다.

사실 부인이 남편에게 기대한 것은 대단한 것이 아니었다. 혹시라도 남편이 어떻게 해줄 수 있으면 좋겠지만, 남편에게 해결해달라고 이야기한 것이 아니었다. 그런 것과는 상관없이 낮에 무슨 일이 있었는지를 남편이 알아주고 위로해주기를 바랐다. 함께 애쓰며 살아가는 사람으로 느낄 수만 있다면 충분하다고 생각하는 정도였다. 하지만 대부분의 남편들은 자신에게 시집와서 애를 낳아 키우며 부모를 모시는 일이 불행하다는 것으로 듣는다. '자신이 어떻게 해야겠다.'라는 책임감을 갖게 된다. 문제는 오히려 그 책임을 지나치게 무겁게 받아들이기 때문에, 간단히 처리할 수도 있었던 일을 더 어렵게 만드는 데에 있다. 그리고 나중에는 자신의 책임에서 벗어날 궁리를 하느라, 막상 자기 부인이 진정으로 바라는 것이 무엇인지에 관심을 기울일 생각을 못한다.

"우리 부부는 말만 시작하면 싸우게 돼요. 무슨 말을 하려 해도 서로 통하지 않으니 아예 입을 닫고 사는 게 편해요."라고 말하는 부부가 적지 않다. 사실 이들은 대부분 지금까지 살면서 누구에게 크게 불편을 끼치거나 욕 듣지 않고 살아온 사람들이다. 다른 사람들과는 아무 문제가 없었던 두 사람이 사랑하여 결혼했다. 결혼한 다음에는 왜 이렇게 되는 걸까? 야속할지 모르겠으나 부인들에게 당부하고 싶은 점은 이렇게 님편을 닫하는 것을 피하라고 말하고 싶다. 이는 남편을 편들어서가 아니라, 이렇게 해서는 원하는 것을 얻기는커녕 더 깊은 불화로 빠지기 쉽기 때문이다. 이런 남편에 대해서는 부인이 지금까지와는 다른 방식으로 접근하는 것이 좋다. 즉, 남편의 엉뚱한 반응에 실망하지 말고, '이 남자는 내가 지금 무슨 말을 하고 있고 또 자기에게 어떤 말을 듣고 싶은지를 모르는구나!'라고 인식하고, 우선 스스로 마음의 여유를 가지는 것이 필요하다.

그나마도 서로 다름으로 인한 다툼은 다행스러워하는 사람도 있다. 6·25전쟁 이후에 태어나 가난한 나라에서 먹고 살기 위해 기를 쓰며 공부하고 돈을 벌어야 했던 세대는 그런 것을 호사로 알고 살아왔다. 산업화의 역군이며 오늘날 우리나라를 이만큼 먹고살게 만든 일등공신이다. 지금껏 먹고살기 위해 잠시도 쉬지 못하고 앞만 보고 달려오다 보니 자신이나 주변을 돌아볼 여유가 없었다. 50살이 넘고서야 자신을 되돌아보니 뱃살엔 기름기가 끼여 행동은 느려져 있다. 기억도 가물가물해서 예전처럼 민완하게 돌아가지 않는다. 몸 이곳저곳 성한 곳이 없다. 몸을 돌보지 않고 혹사시킨 결과다. 문제는 자신의 삶을 송두리째 투자하고도 인정받지도 못한다.

젊은 세대는 왜 "부모님은 저렇게 사는지 모르겠다."고 한다. 또한 젊은 진보세력은 반민주적인 적폐세력으로 청산해야 하는 대상으로 취급하기도 한다. 누군가에게 인정받으려고 가족을 위하고 나라를 위한 것은 아니다. 하지만 청산해야 할 꼰대로 취급받는다는 것에 대한 상실감은 이루 말할 수 없다.

남성과 달리 여성은 50대가 되면 자식들이 어느 정도 성장해 육아노동에서 해방된다. 이때 여성에게 일어나는 가장 큰 변화는 시간이다. 자식은 대부분 시간을 학교에서 보내거나 저 스스로 알아서 할 일을 찾아한다. 남편은 남편대로 예전 같지 않게 서로 열불나게 찾을 일이 없으니 시간이 남아돈다. 수십 년 동안 잊고 살았던 학교 동창을 다시 만난다. 예전 직장 동료나 미용실·화장품 가게 언니·동생까지 엮을 대로 엮어 수시로 만나 수다를 떤다. 어쩌면 50대 여성들이 쟁취한 이 시간은 젊은 시절 남편들이 직장 동료나 친구들과 밤이 새도록 '부어라 마셔라' 하며 회희낙락한 반대급부이다. 뼈에 사무치는 외로움을 달래가며 컴컴한 집안에서 홀로 아이를 키우느라 청춘을 바친 데 대한 당연한 보상일지도 모른다.

쟌 그레이는 《금성에서 온 여자, 화성에서 온 남자》라는 책을 써서 베스트셀러가 되었다. 여자는 금성에서 왔고, 남자가 화성에서 왔을 리 없지만, 그만큼 여자와 남자 사이에는 건널 수 없는 간극이 있다는 내용이다. 남자들의 대화내용을 들어보면, 대체적으로, 앞날의 계획에 대한 내용이 많이 있음을 알게 된다. 반면에 여자들의 대화는 과거에 있었던 내용이 많음도 알 수 있다. 다가올 일들을 앞으로 댕겨 그 모습을 들여다보는 것이 계획인 것이다. 계획은 확실히 남자가 여자에 비해서 더 잘 세운다. 계획을 세운다고 미래가 보장된다는 법은 없다.

물론 여성도 필요하면 문제 해결을 위한 대화를 한다. 적어도 가정 문제에 관해서는 문제의 해결보다는 남편과의 친밀감을 확인하는 것으로 또 하루를 살아갈 에너지를 얻는 경우가 많다. 대부분의 부인들은 남편과 이야기를 주고받는 과정에서 남편이 자신과 같은 느낌과 생각을 가지고 있음을 확인하고자 한다. 하지만 대부분의 남성들에게 '대화'란 문제 해결의 수단이다. 되도록이면 빨리 상대의 말에서 요점을 파악하여 자신이 '할 일'을 찾으려고 한다. 그 문제를 해결하는 것으로 자신의 유능함 또는 존재감을 확인하고자 한다. 부인이 하는 말은 아무리 들어봐도 그런 요점을 찾기가 어렵다. 때로는 자기 능력 밖의 요구를 하는 것으로 여겨지기 때문이다. 차라리 아내의 말을 귀 기울여 듣기를 포기하고 마는 것이다.

원래 미래나 과거는 없다. 다만 현재만 있을 뿐이다. 그 현재도 찰나를 벗어나지 않는다. 오는 즉시 없어진다. 즐거움도, 슬픔도, 다 오래가지 않는다. 현재란 그렇게 보잘것없는 것이기 때문에 현재에 그렇게 큰 의미를 붙여 봤자 별일이 없는 것이다. 그저 현재에 충실하고 성실한 모습으로 남아 있으면 된다. 반면에 과거란 기억일 뿐이다. 본래 기억이란 생존을 위해서 있는 것이다. 기억이 없는 개체는 살아남기 어려울 것이다. 하여튼 미래를 설계하는 남자와 용서가 쉽지 않은 과거에 집착하는 여자가 현재라는 시공에서 만나서 살아간다는 것은 기적에 가깝다고 볼 수 있다. 그 기적은 사랑이라는 쉽게 깨어지는 연결 고리로 이어져 있기 때문에 남자는 곧바로 미래로 가버리고 여자 또한 과거 속으로 사라지게 되는 것이다.

일하는 여성이 늘어나고, 가사를 돌보는 남성이 많아졌다. 1인 가구가 증가했고 비혼 가구도 늘어만 간다. 전통적인 남녀의 역할 구분은 무너진 지 오래전이다. 남녀 모두 자기를 더 자유롭게 표현하면서 원만한 관계를 유지하기를 원한다. 해결을 위한 방법은 '우리 시간' 이용법이다. 직장 등에서 보내는 시간을 '당신 시간', 부부가 보내는 시간을 '우리 시간', 홀로 보내는 시간을 '내 시간'으로 구분하자. 이 시간 사이의 적절한 균형이 중요하다. 이 역시 남녀가 다른데, 여성은 '당신 시간'에서 '내 시간'으로 넘어가기 전 '우리 시간'을 통해 충분한 정서적 지지를 받아야 행복감을 느낄 수 있다. 반면 남성은 '당신 시간'에서 '내 시간'으로 금방 넘어긴 후 다시 '우리 시간'을 가져야 행복하다는 식이다.

남자와 여자도 그렇거니와, 구세대와 신세대의 세대 간의 생각에도 차이가 많다. 이러한 현상을 부정하려 하지 말고 인정해야 한다. 이 지구상에 사는 모든 사람들은 각기 다른 어느 행성에서 왔기에 같을 수 없다. 서로 틀린 것이 아니라 사람은 서로 다름을 인정할 줄 알아야 한다. 인정하지 못하면 남녀의 이러한 부조화는 가정을 위험에 빠뜨리게 되는 원인이 되기도 한다. 또한 신세대와 구세대의 갈등의 원인이 되기도 한다. 근래 들어 급격하게 증가하고 있는 황혼이혼의 시발점도 어쩌면 이때부터가 아닌가 싶다. 우리가 이러한 남녀 간 차이를 인식하고, 그리고 세대 간의 차이를 인식하고 서로 배려하는 마음을 갖고 다가갈 때 삶의 만족도는 동반상승하게 된다. 이렇게 다름을 인정할 줄 알아야 가정의 평화와 나라의 평화가 지켜지리라 믿는다.

4
이해와 무시

　몇 년 전 공채로 입사한 생산팀의 김 과장과 박 과장의 이야기다. 지난해 정기인사에서 승진했다고 소문났으나 최종 발표에서 포함되지 않은 김 과장은 당연히 승진될 것이라고 믿고 있었다. 정기인사를 한 달 앞둔 어느 날, 김 과장이 업무를 마치고 퇴근하면서 박 과장과 석 부장이 선술집에 들어가는 모습을 보게 되었다. 김 과장은 그 모습이 신경에 쓰이긴 했지만 일반적인 사적인 자리라 생각하고 대수롭지 않게 여겼다. 다음날, 석 부장의 태도가 완전히 달라진 것이 아닌가? 원래 석 부장은 김 과장에게 썩 호의적이지는 않았지만 그렇게 나쁜 관계는 아니었다. 아침에 인사를 했는데도 얼굴도 쳐다보지 않은 것이 아닌가. '어떻게 사람이 이렇게 하루아침에 바뀔 수 있지?'라며 아무리 생각해도 원인을 알 수가 없었다. 박 과장의 얼굴을 보는 순간 '아! 박 과장이 승진하기 위해 꼼수를 썼을 것이다'라고 판단한 김 과장은 박 과장의 태도를 의심하기 시작했다. 그 의심은 석 부장의 생산팀 회의에서 여실히 드러났다. 보름 후에 마무리될 생산계

획서를 "왜 아직도 다 안 했냐"는 것부터 "왜 일할 때 윗사람에게 과정을 보고하지 않느냐" 등 사사건건 편잔을 주었다. 정기인사 발표가 있는 날, 박 과장은 차장으로 승진했으나 김 과장은 조기 승진은 고사하고 승진에서 누락되고 말았다. 석 부장과 박 과장의 정치적 꼼수에 의해 피해를 입었다고 생각한 김 과장, 회사를 다녀야 할지 말아야 할지 깊은 고민에 빠졌다.

2016년 강남역 살인사건은 자신이 무시당했다고 생각하여 저지른 범행이었다. 자신을 무시한 것 같아 아르바이트 여성을 둔기로 가격했다. 또한 인천 부평 편의점 폭행사건 같은 강력범죄가 많다. 여자의 무시를 참을 수 없다는 여성혐오는 여자가 남자를 위해서 존재한다는 생각이기도 하다. 즉 남성이 인정욕구나 돌봄, 성욕 충족을 위해 언제나 여성에게 접근할 수 있다는 생각에서 시작된다. 여성은 언제나 남성의 필요와 요구에 순응한다는 기대에서 출발한다. 여자들의 무시에 대한 분노는 여성의 몸, 노동, 감정에 대한 '접근권'이 여전한 남성의 권리라는 생각에 있다. 인정욕구를 포함한 남성의 필요를 여성이 충족시켜야 한다는 환상은 사실 남성성을 매우 취약한 것으로 만든다. 여성의 무시, 거부야말로 그 취약함을 폭로하기에 견디기 어려운 모욕인 것이다.

클럽에서 대화를 거부한 여성을 남성이 총으로 쏜 사건이라든지, 고등학교 졸업무도회에 같이 가자는 요청을 거절했다는 이유로 남학생이 여학생을 살해한 사건 등은 해외에서도 보도된다. 2014년 미국 캘리포니아주 이슬라비스타에서 엘리엇 로저는 여성들이 자기에게 관심을 보이지 않는데 분노해서 여러 명의 남녀를 무차별 살해했다.

우리나라에서도 수많은 가정폭력, 데이트폭력, 헤어진 연인에 대한 폭력사건들이, 상호합의되지 않은 이 접근권에 대한 병적 집착, 그 상실에 대한 부적응과 상관이 있다. 여성이 자기결정권을 행사할 때마다 폭력의 위험을 무릅써야 한다면 얼마나 끔찍한 일인가.

2018년 1월 종로 여관 화재사건은 이 접근권이 아직도 얼마나 당연시되는지, 그것이 일반화되어 어떤 문제를 낳을 수 있는지 보여준다. 피의자는 여관주인이 성매매 여성을 불러주지 않는다는 이유로 분노해서 방화한 것으로 알려졌다. 무고한 세 모녀를 비롯한 여섯 명의 목숨을 빼앗았다. 이 사건은 성욕 충족의 도구로써 불특정한 여성에게 접근하지 못했다는 분노에서 시작되었다. 힘이 약한 여성들에 대한 무작위적 폭력으로 돌변했다는 점에서, 무시, 거부에서 살해로 이어지는 비극적인 상황으로 나타난 사건이었다.

위의 사례에서 무엇이 문제일까? 간혹 사람들은 자기 생각에 함몰되어 오류를 범할 수도 있고, 소수의 말만 믿고 잘못된 의사결정을 할 수도 있다. 쉬운 일은 아니지만, 상대방이 가진 본래의 의도 및 욕구를 파악하는 능력은 의사소통에서 가장 중요한 역량 중의 하나이다. 서로의 상황을 이해하고 있다는 것만으로는 충분하지 않다. 상대방을 원하는 대로 끌어들이기 위해서는 상대방의 입장이 되어 그들을 객관적인 시각으로 이해하는 것이 필요하다. 신의를 저버린 승진이나 성공은 단기간에는 달콤한 맛을 느낄 수 있지만 오래가지 못한다. 평소 달콤한 맛을 함께 느낄 수 있는 신뢰가 필요하다. 하지만 행복한 직장

생활을 위해서는 상사의 페르소나가 되어야 한다. 자신을 믿고 일을 맡기는 상사가 있다는 것만큼 직장생활을 행복하게 만드는 것도 없다. 상사에게 불만을 품고 있는 사람들의 공통점은 그들의 머릿속에 '좋은 리더는 이러한 사람이다.'라는 자신만을 기준을 가지고 있다. 훌륭한 리더는 열린 소통을 하고, 부하 직원에게 비전을 주며, 공통의 목표 달성을 위해 노력하는 사람이어야 하는데 우리 상사는 그렇지 않다는 식이다. 하지만 불평만 한다고 상사와의 관계를 뒤집을 수는 없다. 오히려 적대적 관계를 청산하고 적과의 동침을 발휘하는 기지를 발휘해야 한다. 그것의 출발점은 머릿속에 있는 이상적인 상사의 모습을 지우는 것이다. 그다음에는 자신을 상사에게 맞추는 방법을 깨우쳐야 한다. 상사에게 자신을 맞추는 행동은 아부나 아첨으로 보일 수도 있지만, 상사에게 호감을 느끼게 하는 시금석이 된다. 핵심은 상사의 부족한 부분을 채워주는 부하직원이 되는 것이다. 이는 완벽한 인간이 없듯 완벽한 상사도 없기 때문이다. 그러기에 상사를 이해하는 것에서 시작하여야 한다.

'무시'의 사전적 의미는 '사물의 존재 의의나 가치를 알아주지 않거나 깔보거나 업신여김'이다. 어떤 사안에 대해 화는 나는데 뭐라 응대할라치면 그와 똑같은 사람이 되는 것 같아 어쩔 줄 모르는 상황이 있을 수 있다. 일단 '상황'부터 무시하려 애쓴다. 화나는 상황을 화나지 않는 상황이라 여기지 않고, 마치 아무 일도 없었다는 듯 그저 무덤덤하게 보이려 한다. 이렇게 상황을 무시하고 상대를 직시하다 보면 상대와 교감의 창구를 찾아서 현명한 선택에 대한 기쁨을 맛보기도 한다. 하지만 상황의 무시로 통하지 않을 때면 곧이어 사람에 대한 무시가 어쩔 수 없이 시작된다. 무시라는 것은 실로 위력적이다. "욕을 먹는 것보다 더 치욕적인 것이 무시"라는 말도 있듯이, 그 모욕감은 대단하다. 더 화가 치밀어 오르는 것은 상대의 무시하는 태도에 어떻게 맞서 화를 내야 하는지도 잘 모르겠다는 점이다. 화를 내자니 무시당하는 것 같고, 안 내자니 무시한 사람의 비웃음을 살 것 같아서이다.

대부분 무시하는 태도를 무조건 부정적인 것으로 표현하는데, 사실 모든 것이 그렇듯이 무시도 어떻게 쓰느냐에 따라 다를 수 있다. 일명 공격적 무시는 기본적으로 나쁘지만, 방어적 무시는 저 살기 위한 몸부림이다.

전자는 일부러 상대방의 신경을 긁어 도발하고 화가 나게 하고 괴로움을 주려는 공격성과 악의가 포함된 것인 반면 후자는 말이 안 통하는 사람들로부터 자기를 지키기 위해서 하는 자기방어 태도이기 때문이다.

자기방어 무시의 긍정적인 점은 더 이상의 나쁜 결과를 가져오지 않는다는 것이다. 화를 내다보면 상대의 인성까지 들먹일 때가 있는데 그것은 상대의 마음에 비수를 꽂기도 한다. 돌이킬 수 없는 파경을 맞는 원인이 되기도 한다. 반면, 무시는 분노와 화를 똑같이 야기할지언정 어떠한 '객관적인' 증거도 남기지 않는다. 상황이 호전되어 화해 무드가 조성되면 마음먹기에 따라 씻은 듯이 사라지기도 하고, 잊히기도 한다. 자기방어 무시는 상대와의 지속 가능성을 염두에 둘 때 한 번쯤 써봄직한 방법이다.

그럼에도 어떠한 무시도 정당화될 순 없다. 상대방을 무시하면 무시가 부메랑이 되어 자신에게 되돌아올 수 있음을 알아야 한다. 사랑하면 사랑이 되돌아오고, 미워하면 미움이 되돌아오듯 무시도 인간관계에 기인하여 되돌아오는 것은 당연하다. 자신도 언제든 무시 받을 수 있다. 그러므로 무시는 자기 내면에 별다른 대안이 없는 막다른 낭떠러지에서만 쓰기를 권한다. 무시는 이처럼 깊은 생각을 한 연후에야 내릴 수 있는 태도이지 단순 감정에 대한 즉흥적인 태도가 될 수 없다. 무시할 자신이 있을 때, 비로소 무시의 쓸모는 존재한다.

우리는 상대를 사랑하는 마음으로 대하면 많은 오해는 사라지게 된다. 상대를 이해하려는 마음이 전제되면 상황에 맞지 않는 엉뚱한 행동도 연민으로 보여진다. 오해는 견해 차이이다. 견해는 자신의 환경적인 요소 즉 가정적인 요소, 지역적인 요소, 교육적인 요소가 배경이 된다. 그리고 빼놓을 수 없는 것이 성품이다. 서로 다른 환경이 만나면 문화적인 차이를 먼저 극복해야 한다. 예를 들면 육지와 섬 사람의 사고방식은 다를 수밖에 없다. 이것은 좋고 나쁨의 문제가 아니다. 단지 다른 환경과 성장배경을 갖고 있어 자신의 방식대로 느끼고 생각할 뿐이다.

우리는 사소한 오해가 가져오는 인간관계의 불편함을 자주 겪는다. 모든 것을 속 시원하게 알 수 있다면 얼마나 좋을까. 그러기에 "있는 그대로 보라"고 한다. 자신이 갖고 있는 기존의 관념을 배제하고 새롭게 보라는 것이다. 우물 안의 개구리는 우물의 크기만큼 하늘을 본다.

자신의 틀 즉 이해를 넓히는 것이 사랑인 것이다. 사랑하는 마음, 배려하는 마음이 필요하다. 자비스런 마음이 '오해'를 '이해'로 바꾸어 줄 수 있다. 이해와 이해가 합해져서 사랑이 된다는 말도 소중하다. 아주 단순하게 말하자면 사랑은 이해인지도 모른다. 누군가를 이해하거나 이해하려고 노력하는 것이 사랑의 첫걸음일 수 있다. 아무도 이해하지 못하는 것을 따뜻한 마음으로 이해하는 것이 참된 사랑에 이르는 첫걸음이다.

5
사람이 힘들면 대책이 없다

　친한 지인의 이야기이다. 나이는 50대 후반으로 한참 힘들어하는 베이비부머 세대다. 크지 않은 의류 매장을 열어 적자 없이 운영하고 있었다. 내수경기의 장기 침체로 주변의 경쟁 의류 가게들이 하나둘 사라지면서 어느 날 보니 자기 점포가 인근에서 가장 큰 매장이 되어 있었다고 한다. 경영 능력이 우수하다는 소문에 타 지역에서 망해가는 의류매장 하나를 맡아달라는 요청이 들어왔다. 마지못해 맡아서 살려놓고 인수까지 하였다. 그는 새 건물에는 매장을 열지 않는다. 망했거나 문 닫기 직전의 매장만 골라 인수해 살리는 게 그의 사업 특기다. 최근에는 매장 2곳을 추가로 사들여 총 4곳을 운영하고 있다. 거기에 딸린 종업원이 열 명이 넘는다. 더 놀라운 건 매장이 4곳이면 항상 바쁠 텐데 그는 늘 여유로워 보인다는 점이다.

　하도 궁금하여 한번은 어떻게 매장을 다 돌보냐고 물어보았다. "아니, 사장님은 봉사활동, 등산할 것 다하면서 언제 매장 4개를 다 돌봐요?" 돌아오는 대답에 깜짝 놀랐다. "아, 내가 매장을 어떻게 다

돌아다녀요? 매일 돌아가면서 보지. 내가 가지 못하는 날은 믿을 만한 종업원한테 맡기지." "내가 다할 수 없으니 믿고 맡겨야시"라며 대수롭지 않게 받아쳤다. 경영 노하우에는 고객 서비스 미흡, 매장 및 직원 관리 미숙, 금전사고 빈발 등이 지적됐는데 결국 경영자의 경영 마인드 문제였다. 퇴직 후 '인생 2막'으로 자영업을 꿈꾸는 50세 이상의 베이비부머들이 많다. 창업 성공에 자본과 정보도 필요하지만 경영 마인드가 매우 중요하다는 대목이다.

덜컥 창업해놓고 매장과 직원을 제대로 관리 못해 6개월째 파리만 날리다 1년도 안 돼 문 닫는 폐업자들이 많다. 매년 약 90만 개 자영업이 창업하고, 85만 개가 문 닫는다. 요즘처럼 창업 지원 및 교육 프로그램이 잘돼 있어 그걸 믿고 무작정 창업에 뛰어들기 때문이다. 아무런 준비가 되어 있지 않은 상황에서 창업해서 어려움이 닥치면 남 탓으로 돌린다. "정부의 창업지원 정책이 부실하다", "경제정책이 잘못되어서 최저임금이 높아져 못해 먹겠다."고 잘못의 원인을 다른 곳으로 돌린다. 이런 사람은 정말 대하기가 어렵다. 사람이 힘든 경우이다. 하지만 창업에 앞서 '과연 내가 영업하며, 손님 비위 맞추고, 직원을 잘 다룰 수 있는가'라고 솔직히 반문해보라. 성공은 창업자의 경영 마인드에 달려 있다.
세상살이가 이렇게 힘든 순간이 있었을까 싶을 정도로 삶이 어렵다고들 한다. 세계는 미국과 중국과의 초강대국 G2간의 무역 전쟁이 한창이다. 안으로는 분야를 가리지 않고 상반된 이념과 정책을 두고 싸움질이다. 그런 와중에 모든 분야가 어렵지만 경제는 망가질 대로 망가져가는 모습이 역력하다. 모두 경제를 살리라고 아우성인데 정부는 언론 탓을 하고 있다. 우리 사회에 '경제 실패' 프레임이 워낙 강력하게 작동하고 있다. 그렇다 보니 성과가 국민에게 제대로 전달되지 않는다. 이유는 '보도하고 싶은 것만 부정적으로 보도되는 상황' 때문이다. 요약하면 지금 우리 경제는 실패한 것이 아닌데 언론이 실패라는 프레임을 뒤집어씌웠다고 청와대 대변인은 책임을 언론에다 몰아붙인다. 모 재단 이사장은 한술 더 뜬다. "경제 위기를 조장하는 건 오염된 보도 때문"이라 했다. 현재의 경제 위기론이 '보수정당과 보수언론, 대기업의 이념동맹 결과물'이란다.

2018년 이후 한국은 소득주도성장의 실험장이 되었다. 결과는 참담하다. 한국이 유례없는 경제 위기에 직면해 있다는 지표는 넘쳐난다. 한창 일해야 할 청년 34만 명이 일자리를 구하지 못하고 있다. 실업률은 9년 만에 최고치로 치솟았다. 소상공인연합회는 지난해 폐업한 자영업자가 처음으로 100만 명을 넘어섰을 것이라고 추정한다. 자영업자마다 1명씩만 고용한다 해도 100만 일자리가 허공에 날아간 셈이다. 가난한 사람이 더 가난해지는 소득주도성장의 역설이 결과로 나타나고 있다. 이런 지표를 두고 남 탓, 언론 탓은 가당찮다.

《바보들은 항상 남의 탓만 한다》는 책을 쓴 미국 코넬대 출신 존 밀러의 지적이 따갑다. "국가 지도자들이 자신과 맞는 것만 좋아가며 맞지 않는 사람에게 모든 갈등의 원죄를 덮어씌우는 것은 바보처럼 어리석은 짓이다. 결국 국가와 조직을 불행하게 만들 수 있다." 추이를 보면 정부의 정책이나 대책도 별로 없어 보인다는 것이 국민들을 더 힘들게 한다.

언론에도 책임은 없지는 않다. 하지만 언론에 책임을 뒤집어씌우는 것은 잘못된 것이다. 언론은 민심의 전달자일 뿐이다. 언론이 민심을 그대로 전달하지 않는다면 그것은 언론의 책임이다. 정책에 대한 평가는 국민이 한다. 언론이 있지도 않은 경제 실패 프레임에 가둔다고 국민이 따라갈 리도 없다. 언론마다 해석을 달리 할 수는 있지만 본질은 하나다. 그 본질이 지금 나라 경제를 온 국민이 걱정하고 있다는 것이다. 무엇보다도 정책을 입안하고 실행해 나가는 사람은 남 탓으로 돌려서는 안 된다. 설령 맞다치더라도 사전에 예방책을 마련해야 된다. 이런 경제 담론을 주도하는 사람들이 거짓말한다고는 생각하지 않는다. 하지만 그런 사람들이 만나는 사람, 삶의 터전, 공부한 것, 주고받는 정보가 편향돼 있기 때문에 사실이라고 믿는 것이 문제다. 하지만 남 탓으로 보이지 않게 하려면 말은 먼저 스스로를 향해야 한다.

개천에서 난 이무기가 용이 되려면 수많은 시련을 극복해야 한다. 스스로 성공할 수 있는 조건을 만들어가야 한다. 극한의 노력과 행운이 뒤따라야 한다. 용이 되게 하려면 어린 시절부터 최대한의 기회와 조건을 만들어주어야 한다. 행운에 기댈 것이 아니라 더 강력한 지원을 받아야 한다. 하지만 어려움에 처한 환경에 사는 사람이 이러한 조건과 환경을 만들어줄 수 없다. 자연스럽게 흙수저 물고 나온 조상 탓하게 되고 , 금수저를 비난하는 남 탓하는 사람이 된다. 모든 책임이 자신을 향하지 않고, 다른 사람, 조상, 나라를 향하게 되면 백약이 무효가 된다. 아무리 좋은 상황이 와도 만족하지 못한다. 다른 사람과 비교하면서 남 탓으로 일관하면 대책이 없게 된다.

"인간은 태어나면서부터 서로를 미워한다."고 순자는 말했다. 사람이 누군가를 미워하는 건 선천적이라고 했다. 절대 용서할 수 없는 사람, 도저히 이해할 수 없는 사람, 반발심이 들게 만드는 사람, 노력해도 도저히 좋아할 수 없는 사람, 그냥 이유 없이 싫은 사람이 있다. 살다 보면 모르는 남뿐만 아니라 가족, 동료, 친구 중에서도 이런 사람이 생길 수 있다.

《나는 왜 저 인간이 싫을까?》의 저자 오카다 다카시는 이런 현상을 '인간 알레르기'라고 정의했다. 인간 알레르기는 필요 이상으로 타인을 이물질로 인식하는 데서 시작한다고 했다. 어제까지 좋았던 사람이 딱 한 가지 때문에 급격히 싫어지기도 한다. 첫 만남에서부터 왠지 모르게 꺼림칙한 느낌이 드는 사람도 있다. 사람이 사람을 싫어하는 현상이 몸의 알레르기 반응과 비슷하다는 점에 착안해 '인간 알레르기'라고 이름 지었다. 알레르기가 현대인에게 만연해 있는 것과 마찬가지로 현대 사회에서 인간 알레르기 역시 급속도로 번지고 있다. 세균이 없는 청결한 환경이 알레르기를 만들어내는 것처럼 사람과 사람 간의 접촉이 부족하고 격리되어 있어 인간 알레르기가 증가한다. 개개인이 통제 가능한 여러 시스템에 익숙한 것이 현대인이다. 자기 뜻대로 조종할 수 없는 타인의 존재가 불쾌함을 유발하는 원인이다. 부모와 안정적인 애착 관계를 맺지 못하는 것도 가장 큰 이유이다. 아이를 등에 업거나, 포옹하거나, 손을 잡는 등의 스킨십이 줄어들고 있다. 이런 것이 인간 알레르기 현상을 부채질한다. 학대, 집단 따돌림, 괴롭힘, 가정 폭력, 이혼 같은 비교적 가까운 인간관계에서 나타난다.

인생이란 이 세상에서 가장 귀하고 소중하고 놀라운 선물이다. 인생은 그 누구도 예외가 없고 타협도 없고 비교도 없다. 자신에게만 주어진 귀중한 선물이다. 인생은 너무나 소중한 선물이기에 한 순간도 낭비할 수가 없다. 진정으로 인생이 선물임을 이해한다면 어떤 환경 가운데서도 인생이 힘들다고 말할 수 없다. 인생 자체가 선물이기에 하루하루를 귀하고 소중하게 살아가게 된다. 소중한 선물인 인생을 살아가는데 있어서 날마다 성장하는 삶을 살아야 한다. 인생이란 힘든 것이 아니라 날마다 행복을 선택하면서 즐거움을 선택하면서 살아가는 것이다. 사업도 가정도 결혼생활도 사람도 성장을 멈추면 죽는다. 성장은 자기 자신의 선택이다.

살아가다가 보면 힘든 일, 고통스러운 일, 어려운 일, 고난도 질병도 찾아온다. 그것이 삶의 한 부분이다. 그런 것을 품고 함께 살아가는 것이 인생이다. 누구에게나 고난은 반드시 찾아온다. 그래도 인생이 힘들다고 말하지 마라. 자신을 믿고 어떤 상황 가운데서도 문제를 긍정적으로 바라보면 된다. 비난이나 논쟁을 피하고 자기 자신을 칭찬하라. 무엇을 하든지 똑바로 올바르게 해결하겠다고 자신을 믿으면 힘든 일은 이 세상에 없다. 한 사람의 인생은 천하에서 가장 귀하다. 바로 당신이 천하에서 가장 귀한 인생이다. 천하보다 귀한 인생의 결과를 남의 탓으로 돌리지 마라. 남의 탓으로 돌리지 않는 것이 사람을 힘들게 하지 않고, 진정하게 자기 자신을 사랑하는 것이다.

6
굿바이 게으름

가까운 지인의 이야기이다. 공무원으로 일하는 그녀의 직장 생활은 말라 죽어가는 꽃과 같았다. 다른 일을 하고 싶지만 현실은 그 생활을 계속하라고 요구했다. 그래서 5년을 남의 자리에 앉아 있는 듯이 보냈다. 그러나 그녀의 지식에 대한 애정을 대단했다. 매일 책을 읽고, 대화 중에 모르는 주제가 나오면 인터넷을 떠돌며 정보를 찾아본다. 그녀는 끊임없이 무언가를 배운다. 강연을 쫓아다니고 열심히 계획표를 적는다. 그러나 늘 채워지지 않는 결핍감으로 불안함을 느끼고 있다. 그리고 그녀는 무엇보다 스스로 게으른 사람이라고 느끼고 있었다. 그렇게 열심인 그녀가 설마 게으른 사람일까? '그렇다.' 왜냐하면 삶이 향해가는 초점이 없기 때문이다.

'삶의 방향성'을 게으름 판정의 기준으로 삼고 있다. 운동량이 많고 부지런히 무엇인가를 해도 삶의 중심을 구성하는 중요한 일을 열심히 하지 못하면, 그 에너지는 흩어져 쓸모없는 것이 된다. 정작 해야 할 중요한 일은 회피하거나 제쳐두게 된다. 다른 잡다한 일들을 열심히 하고 있는 사람들은 위장된 게으름의 덫에 걸린 사람들이다. 선택을 회피하거나, 끝없이 시작을 미루는 것, 약속을 어기고, 정작 해야 할 일을 놓아두고 딴 일을 하는 것, 꾸물거리기, 주관이 없이 다른 사람의 눈치를 보는 것들은 모두 게으름의 가면들이다. 심지어 서두름조차도 게으름의 변신이다. 왜냐하면 해야 할 일을 미루어두었기 때문에 끝판에 똥줄이 타게 되는 것이기 때문에 서두름은 언제나 게으름의 다른 얼굴일 뿐이라는 것이다.

세상에는 다양한 성격을 가진 사람들로 가득하다. 누구는 새벽 일찍 일어나 남들보다 서너 시간 먼저 하루를 시작하는가 하면, 누군가는 다음날 동이 틀 때까지 밤 시간을 유용하게 사용하기도 한다. 누가 옳다 그르다 할 것 없이 자신의 주어진 삶을 열심히 살아간다. 게으름은 어떤 것을 말하는가? 일을 열심히 하는 것도 아니고, 공부를 하는 것도 아니다. 뭔가 이유가 있어서 게으른 것도 아닌 선천적 후천적으로 게으름이 몸에 밴 사람들이 있다. 한창 일할 나이의 사람들 게으름은 마치 사회의 병적인 존재라고 생각한다. 자신의 삶에 의지를 갖고 열심히 살아가는 사람들 중에 한 번씩 마음으로 고비가 찾아오는 경우가 있다. 일에 대한 열정이 사그라지는 경우가 있다. 이런 일시적인 게으름이 아닌 고질적인 게으름은 인생에 큰 걸림돌이 되기 마련이다.

게으른 사람의 연애는 어떻게 할까? 물론 대부분의 게으른 사람들은 연애를 할 열정마저도 게으름에 묻어버린다. 차라리 그 시간에 잠을 더 자거나 자기만족을 위해 시간을 투자하기 마련이다. 간혹 외로움이 게으름을 이기는 경우가 발생할 수도 있다. 능력이 있고, 경제적 여건이 있는 상태에서 게으른 사람에게는 여유라고 말한다. 우리가 인식하는 게으름은 능력도 없고, 지갑마저 가벼운 상태에서 삶에 대한 의지나 열정조차 없는 사람들이라고 할 수 있다. 그렇다면 이런 능력 없는 남자들은 연애를 하면 안 될까? 생각보다 많은 남성들이 자신의 능력 저하로 자신감을 잃어버리고 의기소침한 상태에는 연애라는 감정을 사치라고 여긴다. 외로워도 슬퍼도 그냥 집에서 빈둥거릴 수밖에 없다. 자신의 현실을 비관하는 것이다. 하지만 짚신도 짝이 있듯이 선천적, 후천적 만성 게으름 병에 걸린 남자들도 짝이 있기 마련이다.

남자들은 여자는 무조건 돈 많고 능력 있는 남자를 좋아할 거라고 착각한다. 물론 돈과 능력은 남자에게 빼놓을 수 없는 매력임에는 틀림이 없다. 하지만 남자의 능력이 남자의 매력을 결정짓는 모든 것이라고 생각해선 안 된다. 요즘은 남녀가 평등해져 자신의 능력을 마음껏 발휘하는 여성들이 늘어나고 있다. 이런 여성들에게 필요한 것은 일에 대한 능률과 돈이 아닌 안정감과 신뢰다.

게으른 남자는 다른 건 몰라도 여자에게 신뢰와 안정감을 줄 수 있으면 된다. 적어도 바람을 피우는 귀찮은 일은 하지 않을 것 같은 신뢰를 주면 된다. 자신이 주체할 수 없을 만큼 게으름에 빠져 있다면 그 게으름마저 매력으로 승화시켜줄 사랑하는 여자를 만나면 된다. 그녀를 위해 남자의 오만과 자존심을 조금 접고 맞춰가려는 자세를 갖추어야 한다. 몸은 게으른데 자존심까지 세서 여자가 돈 벌고 능력 있는 꼴을 못 보는 남자들이 가끔 있다. 이런 불상사를 만들지 말고 그냥 능력 있는 여자를 잘 내조해주는 남자가 되는 것도 나쁘지 않다. 물론 게으름을 이겨낼 능력이 없다는 전제조건 하에서 말이다.

게으름은 정신적 육체적으로 치명적인 영향을 끼친다. 온갖 재난의 근원이 된다. 몸을 움직이는 것이 귀찮아지는 것보다 더 나쁜 것은 정신이 나태해지는 것이다. 아무 일도 하지 않고 잔꾀나 부리려는 행동은 영혼을 병들게 하는 질병이다. 물이 고여 있는 웅덩이에 벌레가 들끓는 것처럼 게으른 자의 머릿속에는 부패한 생각이 만연하게 된다. 게으른 자는 사회적으로 어떤 지위에 있든 부자가 될 수 없고 다른 사람들과 어울리지도 못 한다. 설령 바라는 만큼의 재물을 풍족하더라도 나태함이 없어지지 않는 한 기쁘지 않다. 몸도 마음도 결코 만족을 느끼지 못할 것이다. 진정 부유한 사람은 바쁘지 않다. 인생의 초점 없이 바쁜 사람은 절대 부유해지지 못한다. 서두르고 입에 바쁘다는 말만 달고 살지만 시간을 효율적으로 사용하지 못하므로 부지런하다고 할 수 없는 것이다.

사람은 자신의 자존감을 내려놓기가 쉽지 않다. 어떤 사람은 자신이 그러한 좋은 상황에 처하면 자존감쯤은 충분히 내려놓을 수 있다고 한다. 하지만 정작 그 상황에 처하면 사람이기 때문에 자존감이 스멀스멀 나오게 되어 만족하지 못한다. 세상에 우연은 없다. 자신이 행동하고 말하지 않았다면 우연은 만들어지지 않는다. 항상 그 자리에 있을 것만 같았던 그 사람이 세월이 지나가버리거나 마음이 변했을 때 안타까움과 허탈함에 눈물을 흘린다. 늘 당연하다고 생각하는 것이 소중함을 알았을 때는 이미 그것을 잃어버리고 난 후일 것이다. 정말 사랑하는 사람이라면 게으름을 떨쳐버리고 사랑을 표현하지 않으면 안 된다. 생각과 감정이 더 부유해지면 인생에서 더 많은 자유를 경험하게 된다. 진정 부유한 삶은 내적인 부유함을 더 많이 경험하는 것이다. 이를 위해서는 자존감을 바탕으로 한 부지런함이 바탕이 되어야 가능한 일이다.

리더에게는 전문가와 경영자 두 그룹이 있다. 전문가는 탁월한 능력으로 자신의 분야에서 성과를 낸다. 하지만 남에게 영향력과 성장력을 미치지 못해 그가 손을 놓는 순간, 조직이 올 스톱하고 우왕좌왕한다. 반면 경영자는 그가 손을 놓아도 조직과 구성원이 변함없이 움직이며 조직은 돌아간다. 숨은 손, 시스템을 활용하는 덕분이다. 단적으로 말하면 전문가는 자신의 능력을 통해 성과를 내지만, 경영자는 남의 능력을 통해 성과를 내는 능력을 가졌다.

중국의 알리바바 그룹 마윈 회장은 "총명한 게으름뱅이가 되라"며 이런 말을 한 바 있다.

"세계는 사실상 게으른 사람들에 의해 돌아간다. 세상이 이렇게 정교한 것은 이들이 준 선물 때문이다. 지금 당신은 성공하지 못한 주원인을 알아야 한다. 일을 적게 하고 싶다면 게으를 수 있는 방법을 생각해내야 하고, 이를 위해서는 나름대로의 경지가 요구된다. 성공한 사람 가운데 열심히 일만 한 사람은 얼마 없다. 그들은 매일 고통스러운 일을 반복하지 않기 위해 다른 길을 생각해냈다. 하루 종일 바쁘게 움직이는 사람의 월급이 가장 적다. 회사에 출근하지도 않는 사람들의 월급이 가장 많다."

총명한 게으름뱅이란 남을 통해 성과를 낼 줄 아는 사람이다. 한 발 더 나아가 위대한 성과까지 낼 수 있으면 울트라 급이다. 외람된 비유지만 4대 성인의 저작물을 생각해보라. 《성경》, 《불경》, 《논어》, 《소크라테스의 변명》 등 위대한 저작물은 성인들 자신이 쓴 것이 아니다. 자신의 뛰어난 점을 제자들이 열심히 귀담아듣고 관찰하고 '받아쓰기' 하며 써서 남긴 것이다. 리더에게 최고의 칭찬은 '성과'보다 '사람'을 남기는 사람이며 '능력자'보다 '자신보다 나은 사람을 모아 쓸 줄 아는 사람'이다.

게으름 극복의 출발점은 우선 '내게 문제가 있다'는 것을 인식하는 데 있다. 자신을 비난하라는 뜻이 아니다. 그렇다고 변명하라는 것도 아니다. 더 이상 이렇게 살아서는 안 된다고 각성하라는 뜻이다. 그리고 내 안에 '더 큰 나'가 있다는 것을 인식하고 자신의 큰 꿈을 향해 달려가는 꿈 너머 꿈을 창조해나가라고 권하고 싶다.

현재와 미래의 꿈 사이에 단단한 이정표를 세워두어야 한다. 이 이정표를 작은 꿈이라 한다. 작은 꿈 하나씩 만들어가면 자신의 큰 꿈을 달성하게 된다. 정해진 시간에 정해진 장소까지 도달하려면 이렇게 차근차근 작은 꿈을 만들어가야 한다. 이 작은 꿈을 이루어가는 것이 어려운 일이겠지만 반드시 이룰 수 있다. 작은 꿈의 달성이 바로 중간에 포기하지 않고 꿈 너머 꿈을 향해 나아가게 하는 힘이기 때문이다. 이 힘든 경쟁에서 이기려면 적어도 두 가지를 확보해야 한다. 하나는 함께 싸워줄 원군이다. 힘들 때 격려해주고 고민을 토로하고 조언을 구할 수 있는 집단이 필요하다. 또 하나는 부지런한 습관의 힘이다. 매일 반복하여 부지런함을 습관을 만들어두면 특별한 인내력이 없어도 지속적으로 매일 정해진 일을 해낼 수 있기 때문이다.

7
떠나보면 알게 될 거야!

어느 고민상담 내용이다.

엄마와의 관계가 틀어진 시기를 돌이켜보면 눈앞이 캄캄해졌다. 초등학교 시절까지만 해도 엄마와 나는 남부러울 게 없을 정도로 사랑해주고 사랑받고 지냈다. 누구보다 자식을 잘 키우고 싶었던 엄마, 그만큼 욕심도 많았던 분이 바로 우리 엄마였다.

중학교 2학년 때 엄마와 다투는 일이 생겼다. 나와 가장 친하게 지내는 친구가 어른들이 보기에 문제아로 분류되는 아이였다. 엄마와 선생님들은 나와 내 친구의 관계를 못마땅하게 여겼다. 학교와 학원에서는 그 친구를 불러 "민경이까지 물들이지 말고 옆에서 떨어지라"는 말도 서슴지 않았고, 급기야 나에게 작은 물건들을 집어던지고 그 아이와 놀지 말라며 소리치기까지 했다.

학년이 올라가며 대학 입시에 다가갈수록 제가 느끼기에는 엄마의 바람은 더 심해져 갔다. 물론 저 역시 엄마를 실망시켜드리지 않으려고 반항 한 번 하지 않고, 시키는 대로 공부하고 노력했다. 성적은 생각만큼 오르지 않았고 그럴수록 엄마의 억압은 더욱 커져만 갔고 부담으로 다가왔다. 결국 엄마가 바라던 대학, 과에 입학하지 못했다. 그후 엄마가 원하는 대학에 못 갔으니, 취업이라도 잘 해야 한다는 보이지 않는 새로운 억압이 시작되었다.

엄마와 떨어져 서울에서 대학 생활을 시작했지만 엄마는 대학교 1학년 때부터 나에게 전화를 걸 때마다 4년 후의 취업 준비를 지금부터 해야 한다고 종용하셨다. 숨이 막히기 시작했다. 다른 집 자식들과 비교하는 것은 죽을 때까지 끝나지 않으려나 보다 생각했다. 그렇게 시간이 흘러 대학을 졸업하고 저는 지금 직장에 다닌 지 5년이 됐었다. 하지만 아직도 부모님은 내 자리에 만족하지 못하시는 것 같다. 이제는 그냥 흘려들을 정도로 단련은 되었지만 말이다. 그리고 지금은 남자친구와의 진지한 교제도 못마땅해 하신다.

저는 언제쯤 제 생각과 제 시선으로 온전히 세상을 바라볼 수 있을까? 물론 어른들의 말, 지나고 보면 틀린 것 하나 없다는 사실 잘 안다. 하지만 이제는 나 스스로 헤쳐나가고 싶다. 행여나 후회를 하더라도 내가 선택하여 살고 싶다. 결혼까지 이어질, 아마 자식을 낳고 사는 동안까지도 평생 이어질 다른 집 자식들과의 비교를 생각하면 숨이 탁탁 막혀온다. 이제는 부모님이 저를 좀 내려놓으셨으면 좋겠다. 그럼 저는 오히려 더 잘할 수 있을 것 같다.

아내는 대학 신입생이 되는 아들 뒷바라지에 여념이 없다. 작년까지 해온 대입을 위한 뒷바라지하고는 비교가 되지 않을 정도로 여유롭다. 아들도 엄마의 관심에 예전과는 다르게 호응을 잘 한다. 며칠

전 아들이 평소와 다르게 아내에게 옷을 몇 가지 사달라고 요청을 했다. 자기가 필요한 옷 종류를 적은 작은 쪽지를 가지고 나왔다. 지난 3년 동안 한 번도 들어보지 못했던 요청이다. 아내는 기꺼이 그렇게 하자고 한다. 결정이 있은 후 며칠 지나 퇴근을 해오니 현관 앞에 옷 봉투가 몇 개 놓여 있었다.

저녁을 먹고 나자마자, 아내가 아들 옷 사온 것을 한 번 보라고 권한다. 아들이 사온 옷 몇 가지를 들고 나와서 보여주더니, 긴 코트를 입고 나와서 어떠냐고 내 의견을 묻는다. 코트는 원래 아들이 사고자 한 목록에 없었는데 어떻게 된 것이냐고 물었더니, 옷을 사러 돌아다니다가 세일하는 것이 눈에 들어와서 구매했다고 설명을 한다. 파카만 입고 다니는 것이 좀 그랬다고 한다. 견물생심이요, 부모의 마음이 그런 것 같다.

며칠 후 아들이 새로 사온 코트를 입고, 새로 구입한 백팩을 메고 아르바이트 하러 간다고 집을 나선다. 집을 나서는 아들 모습을 보며 우리 아들이 진짜 대학생이 됐구나 하는 생각이 들었다. 코트를 구입한 날 입고 나왔을 때와 외출을 위해 옷을 차려입고 그 위에 입은 것이랑 코트 느낌이 완전 달랐다. 옷만 느낌이 다른 것이 아니라 아들 모습 또한 너무 멋스러웠다. 아내도 나와 비슷한 느낌이 있는 모양이다. 작은 행복감이 아내의 얼굴에 보인다. 그 모습을 보니 문득 엄마 생각이 난다.

벌써 40년쯤 지난 옛날이다. 내가 대학에 합격을 한 후, 엄마는 우리 생활수준에 과분할 정도로 내 옷에 많은 투자를 하셨다. 새 옷을 사다주시고, 입어보라고 하고, 옷을 입고 나온 내 모습을 보며 많이 좋아하셨던 엄마 모습이 생각이 난다. 새 옷을 입고 나온 아들 모습을 보는 엄마의 눈은 마치 좋아하는 배우를 바로 눈앞에서 본 것과 같은 그런 표정이었던 것 같다. 오늘 아내의 눈에서, 아내의 좋아하는 모습이 엄마의 옛날 모습을 생각할 수 있도록 했다. 부모의 마음은 그런 것이다. 아무리 설명해줘도 공감하기 어렵고, 이해할 수도 없는 때가 되어야, 막상 내가 그 처지가 되어야 알 수 있는 그런 것이 부모님의 마음이다. 그래서 항상 시간이 흐른 후에 부모님의 마음이 이해가 되고, 뒤늦게 후회하기도 하고, 감사하는 마음을 적절한 때 부모님께 표현을 못한다.

자식은 부모의 마음을 이해하기 어렵다. 모든 것을 다 안다고 생각할지라도 부모의 마음을 이해하는데 시간이 필요하다. 엄마가 엄마의 욕심으로 공부하라고 하고, 좋은 대학 들어가기를 원하는 것으로 안다. 좋은 직장에 취직하면 엄마의 얼굴을 빛내게 해주기에 엄마를 위해서 요청하는 것으로 생각한다. 부모의 마음이 자식자랑하고 싶지 않은 사람은 없다. 표현을 하지 않을 뿐이지 누구든 자식이 잘되는 것에 대한 자부심과 누구에겐가 자랑하고 싶은 마음이 부모마음이다. 엄마는 말로써 표현하지만, 아빠는 돈 들여 술 받아주면서 자랑하고 싶은 것이 부모마음이다. 하지만 그것은 순간의 일이다. 엄마가 누구엔가 자랑하고 싶어서 종용하는 것이 아니라는 것을 알 때면 흔히 철들었다고 한다.

험한 세상에서 조금이라도 힘들지 않게 좋은 직장에 취직하기를 바라는 것이 부모마음이다. 결혼할 때의 조건도 자식의 행복을 위해서 부모가 욕심을 부리는 것이다.

사랑만으로 결혼한다는 것은 옛날이야기이다. 요즘 세상에서는 결혼은 비즈니스라 하지 않았던가? 늘 그리운 사람, 사는 게 힘들다고 느낄 때 생각하는 것만으로도 가슴이 뜨거워지고 코끝이 찡해지는 사람, 바로 엄마라는 단어다. 우리에게 엄마란 어떤 존재인가? 언제나 가족의 중심을 차지하고 있으면서, 자신보다 다른 가족을 위해서 살아가시는 존재. 이러한 모습이 바로 우리가 떠올릴 수 있는 엄마의 보편적인 형상일 것이다.

엄마가 되기 전과 후의 인생은 다르다. 〈친정엄마〉는 재미있으면서 아련하며, 슬프고도 아프다. 영화는 젊었을 때는 미처 알지 못했던 엄마의 헌신적인 사랑을 추억하는 딸의 시선을 따라간다. 후반부에서는 죽음을 눈앞에 둔 딸이 엄마를 만나 그동안 하지 못했던 일들을 하는 장면들이 채워진다. 이 영화가 누구나에게 감동을 주는 것은 부모에게 있어 우리는 모두 못난 자식이기 때문이다.

대부분의 자식들은 부모 앞에서 말이 없다. 스스로의 힘으로 해결이 불가능해질 때 그때서야 털어놓는다. 자식이 조금 더 편안하게 살기를 바라지 않는 부모가 어디 있을까? 그것을 알지 못했던 딸 지숙은 아픈 뒤에야 부모가 자신에게 어떤 존재였는지 알게 된다. 〈친정엄마〉는 엄마의 지극한 사랑이 어떠한 것인지 절실하게 보여준다. 모든 것을 다 줄 수 있는 지극함 그 자체가 바로 엄마의 사랑이라고 말한다. 엄마의 가슴이 찢어질 때는, 내 속으로 나온 나 닮은 딸이 제 엄마를 우습게 여길 때다. 그래도 엄마는 늘 사랑으로 딸을 품는다. 엄마는 딸이 아픈 것도 자신의 탓이라고 생각한다. 자기 때문에 딸이 그렇게 되었다고 생각한다. 딸을 향한 엄마의 희생은 눈물겹도록 헌신적이며 숭고하다. 경제가 어렵고, 사회가 어수선해도 엄마의 마음은 변하지 않는다.

대개의 부모들이 자식에 관해서는 무슨 짓이든 할 수 있다고 생각한다. 어머니건 아버지건, 많이 배웠건 못 배웠건 다 비슷하다. 이 세상에 다양한 사랑이 있으나 부모가 자식을 애지중지하는 것 이상의 사랑은 없다. 문제는 그것을 깨닫지 못하는 자식들이 이 세상에 너무나 많다는 것이다. 영화 속 주인공 딸 지숙도 그랬다. 자신을 고생스럽게 만드는 엄마가 원망스러울 뿐이다. 자신 때문에 속이 검게 타버린 엄마의 마음을 딸은 너무 뒤늦게 알게 된다.

사랑은 그 누구도 막을 수 없다. 젊었을 때 남자와 여자가 만나 사랑을 한다고 할 때 부모가 말려서 듣는 경우는 거의 없다. 아무리 말려도 제 눈에 안경이다. 자신에게 가장 잘 맞는 것처럼 보이고, 둘이 있으면 정말 행복할 것이라는 확신을 가진다. 사랑은 당사자 고유의 판단이고, 부모가 자신의 인생을 대신 살아주는 것이 아니라고 배척한다. 신체적으로 건강하고, 정신적으로 건강해야 한다. 결혼해서 서로 먹고 살 수 있는 재산이 있거나 돈 벌 능력이 있어야 한다. 몸이 건강하지 못하거나, 정신이 이상하거나, 아무 재산도 없으면 결혼은 현실적으로 어렵다. 이런 조건이 갖추어지지 못한 상태에서 결혼부터 해 놓고 보면 얼마 있지 않아 이혼이라는 아픔을 겪게 마련이다. 말하자면 현실을 망각한 채 그냥 좋아서 열심히 살아보자고 하면서 결혼했다는 이유만으로 사랑은 유지되는 것이 아니다.

결혼하려면, 결혼의 의미와 본질, 사랑의 의미를 진지하게 생각해 보아야 한다. 사랑과 결혼을 제대로 연결시키지 못하면 불행해진다. 지금 사랑한다고 해서 결혼을 서두르면 안 된다. 사랑과 결혼은 어떤 의미에서는 모순될 수도 있고, 심각한 갈등을 예고하기 때문이다. 결혼해서 애기 낳고 고생해 보아야 부모의 마음을 알게 될 것이다.

chapter
2

왜 문제인가

1
혼족이 유행하는 세상

"내가 혼술을 하는 이유는 힘든 일상을 꿋꿋이 버티기 위해서다. 누군가와 잔을 나누기에도 버거운 하루였다. 쉽게 인정하기 힘든 현실을 다독이며 자신을 스스로 위로하는 주문과도 같은 것이다. 그래서 나는 오늘도 이렇게 혼술을 한다."

한 종편 프로그램에서 방영된 드라마 〈혼술남녀〉의 주인공이 했던 내레이션이다. 이 드라마는 '혼자 마시는 술', '혼자 먹는 밥' 등의 트렌드를 집중 조명했고 젊은 청춘들의 공감을 얻어 종영까지 쭉 인기를 끌었다.

우리는 혼밥, 혼술이라는 단어가 낯설지 않은 시대를 살고 있다. 공동체 의식을 중시여겼던 우리나라에 오늘날 혼술, 혼밥의 열풍이 부는 이유는 무엇일까. 주변에도 혼밥, 혼술을 즐기며 나홀로족을 자처하는 젊은 친구들이 많다. 이 친구들은 혼밥, 혼술뿐 아니라 홀로 떠나는 해외여행도 서슴지 않는다. 이유는 '사회생활을 위한 필연적인 인간관계에 지친 나머지 혼자만의 자유가 좋아서' 혹은 '친구를 만나거나 애인을 만나는 것, 결혼을 하고 집을 사고 출산을 하는 것도 결국은 돈이 있어야 가능한데 경제적 여유가 되지 않아서'이다.

과거에는 혼자 밥을 먹고 혼자 영화를 보는 사람들을 보며 소위 '궁상을 떤다.'며 혀를 찼지만 이제는 더 이상 낯설지 않은 풍경이 되어버렸다. 기업에서는 이러한 나홀로족들을 겨냥한 마케팅을 우후죽순 쏟아내고 있을 지경이다.

혼밥족, 혼술족은 단순한 시대변화에 기인한 것이 아니라고 본다. 젊은 사람들 사이에서 '헬조선'으로 표현되는 팍팍한 우리네 현실, 즉 장기적인 경기불황과 지독한 취업난의 결과가 낳은 기이한 사회현상이 낳은 슬픈 우리의 자화상인 것이다. 젊은이들이 생활하기가 어렵기는 하다. 은퇴 세대들도 마찬가지이지만 젊은 세대들의 허탈감보다는 덜하지 않겠나 싶다. 하루 빨리 나홀로족들이 자발적인 고립에서 벗어나 우리의 품으로 돌아와 우리 민족 고유의 공동체 의식으로 현재의 위기를 이겨내길 바라는 마음이다.

혼자 술 마시고 싶은 이유가 뭐냐는 질문에 그는 "새벽에 외로워질 때 불러낼 사람이 없어서"라고 답했다. 이른바 '혼족' 전성시대다. 혼술뿐만 아니라 혼밥·혼영화·혼여행 등을 일삼는 이들을 어렵지 않게 볼 수 있다.

학생뿐 아니라 직장인 사이에서도 '자발적 혼밥'은 흔한 편이다. 직장인들의 혼밥 장소는 일반 식당에서부터 사내에 위치한 구내식당까지 다양하다. 모 회사에서 근무 중인 정 대리는 "혼자 회사 식당에서 밥 먹는 일이 잦다"면서 "회사 식당에서 혼밥족을 꽤 본다"고 말했다. 이어 "회사 사람들과 먹는 저녁은 업무의 연장이나 마찬가지라고 느껴진다"고 덧붙였다. 건배 없는 술자리 혼자 취하는 '혼술'은 나에 대해 생각하는 혼자만의 시간이다. 최근에는 혼자 술집에 가는 사람, 이른바 '혼술족'도 늘고 있다. 인기 케이블 채널인 tvN에서 이 같은 혼술 트렌드를 반영한 드라마 '혼술남녀'를 방영할 정도로 그 인기는 날로 높아지는 추세다. 드라마는 3%대의 케이블 시청률을 기록할 정도로 인기를 끌었다.

요즘 TV프로그램에 〈나 혼자 산다〉가 상당한 인기를 끌고 있다. 솔직히 말하면 '혼족'의 시대를 맞추어 탄생한 프로그램이라고 보면 된다. 매번 홀로된 삶의 모습만 보여주는 게 아니라, 고정된 패널들이 종종 함께 모여 공동의 프로그램을 진행하기도 하고 여행을 가기도 하면서 서로간의 관계가 쌓여가는 모습을 보여준다. 게다가 어느 정도의 진정성까지 실리니, 시청자들의 마음에도 알게 모르게 따뜻한 유대감이 형성된 결과라 하겠다. 서로 다른 모습을 가진 타인이 한 자리에 모인다는 것이 서로를 있는 그대로 바라봐준다. 있는 그 자체를 매력으로 인정해준다는 게 얼마나 어려운지 뼛속 깊이 알아가고 있는 시대인지라 이러한 프로그램이 더욱 뜻깊다. 잃은 친구를 새로운 친구로 대체한다 해서 잃은 헛헛한 슬픔마저 덮일 수 없다.

관계가 주는 고통으로 개인주의의 힘이 더욱 막강해지는 시대다. 반대로 고독감은 더욱 극에 달해 있는 시대다. 〈나 혼자 산다〉가 그 고독감을 달래줄 수 있어서 다행이다. 또한 이 프로그램은 리액션 전문 패널을 중간에 끼운 '액자형' 관찰 예능프로그램이다. '대신 화내는 페이지'를 찾아 감정조차 외주 주는 프로그램이라고 할 수 있다. 이러한 '액자형' 관찰 프로그램이 요즘은 대세다. 〈전지적 참견시점〉, 〈미운 우리새끼〉 등이 인기를 얻고 있는 것이 혼족을 대변해주고 있다. 무엇보다도 아쉬운 것은 정보의 과잉과 가짜 뉴스 속에서 무엇도 확신할 수 없는 결정장애 세대에 인간의 가장 원초적인 본성인 감정조차 타인으로부터 답을 구한다는 것이 안타깝다. 사람간의 접촉을 대신하는 언택드 기술과 희석돼가는 대인관계 속에서 감정 표현조차 대리인을 찾게 되는 시대에 살고 있다는 것이 씁쓸하다.

혼자 술을 마신다는 것은 어떤 기분일까. 굳이 다른 사람의 비유를 맞추어 술과 안주를 고를 필요도 없다. 대화를 계속 이어가야 하는 배려도 필요 없다. 그저 자기감정에 오롯이 술과 안주, 스스로의 감정만을 즐기고 느끼면 된다. 얽히고설킨 관계로 골머리 앓을 필요도 없다. 털어놓고 싶지만 털어놓을 수 없는 고민이 있다면 음성인식서비스를 이용한다. 간간히 찾아오는 고독감은 돈으로 살 수 없는 안주다. 이토록 편안한 자리를 어찌 찾지 않겠는가. 하지만 어디까지나 감상적인 이유일 뿐이다. 사실 현실적인 이유는 따로 있다. 어떤 조직, 회사든 학교든 간에, 그 속에서 이루어지는 인간관계에 진절머리가 났다는 것이다. 더 이상 상처 받고 싶지 않고 배신당하고 싶지 않다. 괜한 열등의식으로 괴롭고 싶지도 않다. 이익을 위해서라면 어쩔 수 없이 서로가 서로에게 적이 되어야 한다. 서로가 서로를 속이며 살아야 한다는 시대, 그럴 바에야 차라리 속 편하게 혼자 먹고 혼자 마시겠다. 그러면 상처 줄 일도 받을 일도 없을 테니 그렇다. 한 마디로 어떤 사람과 혹은 사람들과 깊은 관계를 맺는 게 두려운 것이다.

　사람들은 정말 혼자이고 싶은 걸까? 혼자이고 싶지 않고 누군가와 함께한다는 것이 두려움에 감춰진 우리의 진짜 속내는 아닐까. 〈나 혼자 산다〉나 〈불타는 청춘〉의 출연자들이 정기적인 모임을 가진다거나 함께할 수 있는 오락을 찾아 즐기는 모습 등이 이를 반증하고 있다는 생각이다. 부딪히고 부서지고 서로 손해 좀 봐야 제대로 익힐 수 있는 게 인간관계다. 어쩌면 현시대의 우리들 중 대부분이 아직 어른아이로 남아있는 이유는, 올바른 인간관계를 학습할 기회를 박탈당한 채 자라왔기 때문일지도 모른다. 1인 가구가 점점 늘어날 거라는 전망으로 가득한 요즘일수록, 혼밥과 혼술이 주는 낭만성에 취해 있지 말고 우리는 더욱 밖으로 나와야 한다. 자신의 건강하지 못한 인간관계와 그에 따른 두려움을 인정해야 한다. 헤어나올 수 없는 깊은 고독감을 고백하며 사람들 속으로 용기 있는 발걸음을 떼야 한다. 그래야 비로소 사람과 사람 사이의 진정성을 발견할 수 있을 것이다. 결국은 함께 살아가야 하는 세상이다. 세상은 절대 혼자 살 수 있도록 만들어져 있지 않기 때문이다.

　사회적으로는 개인주의가 확산되고 있다. 취업난에 구직자들은 자신감을 상실하고 있다. 경제적 부담을 이유로 타인과의 만남을 기피하며 스스로 고립시키고 있다. 미혼이 기혼보다 행복하다는 '나홀로족' 가운데는 '관태기'에 빠진 사람이 적지 않다. 이는 '관계'와 '권태기'의 합성어로 알맹이 없는 인간관계에 염증과 회의를 느끼는 상태를 뜻한다. 좁아지는 인간관계는 외로움에 고립되어 소외감을 키운다.

입시, 취업, 직장생활, 사업에서 받는 스트레스는 현대인의 마음을 짓누른다. 살다보면 배신당하고 원하는 것을 잃고 실망하며 분노하고 좌절한다. 우리의 자아는 억울함과 슬픔에 빠지게 된다. 혹독한 사회 생활에서 마음에 상처를 받는 2030세대는 돌파구를 찾기 위해 부단히 노력한다. 삭막한 사회 속에서 고독한 개인은 어떻게 행복을 찾을 수 있을까? '자존감'이란 키워드가 해답을 준다. 자존감은 '자아 존중감'을 뜻한다. 자신을 존중하고 가치 있는 존재로 받아들이는 것을 의미한다. 한마디로 '자신을 사랑하는 마음'이다. 스스로 쓸모 있다고 느끼고 자기감정과 행동을 조절하며 마음의 안정을 찾는 심리적 상태다. 자존감이 올라가면 자신감, 자기애와 직장·직업·삶의 만족도는 저절로 상승한다. 자기 자신을 무조건 사랑하고 완전하게 신뢰할 필요가 있다. 또 '지금' '여기'에 집중하며 스스로 결정하는 것이 요구된다. 그리고 부정적인 생각을 버리고 앞만 보고 나아가라고 강조하고 싶다. 우리 모두가 자존감 높은 삶을 산다면 우리가 사는 삭막한 사회에 희망과 온기가 넘칠 것이다.

2
함께 살아가야 한다.

몇 개월 전 가족과 함께 대마도로 휴가를 떠났다. 많은 생각과 경험을 안겨준 여행이었다. 부산에서 배를 타고 대마도로 들어갔다. 거기서 함께 여행하는 한 가족의 모습을 보았다. 몸집이 좀 뚱뚱한 초등학생이 아빠랑 실랑이를 벌였다. 아이가 짜증을 부렸다. 무더운 날씨이니 그럴 수밖에 없었다. 그런데 아빠가 아이에게 화를 내며 말했다.

"어디 짜증내는 아이가 있는지 봐라. 생각 좀 하고 배워라."

장소를 옮겨서 가족이 사진을 찍으려고 하는데, 아들이 인상을 찌푸린 모양이다. 아빠는 다시 화를 내면서 소리쳤다.

"여기 인상 찌푸리고 있는 사람 있는지 봐라."

무더운 날 더위에 땀 뻘뻘 흘리는 아이가 불쌍해 보였다. 우리는 그런 생각이 들었다.

'코드가 다르구나. 아빠가 아이가 원하는 것을 맞추지 못하는구나. 아빠 코드에 아이를 맞추려고 하니, 이 더운 날씨에 아이는 짜증이 날 수밖에 없지 않겠나 싶었다.'

다음날엔 함께 간 부인들이 "온천에 가고 싶다."고 했다. 이 더운데 온천을, 그것도 대마도까지 와서, 시간이 아깝다는 생각이 들었다. 그러나 어찌하랴. 부인들이 한다는데 따를 수밖에 없지 않겠나. 결국 함께 온천으로 들어갔다. 여자들은 목욕탕에 들어가면 2시간이 기본이 아니던가. 2시간 후에 온천하고 나와서 물었다. "온천 좋았어?" 그랬더니 만족한 듯이 대답했다.

"이게 진~짜~ 휴가지." 이렇게 생각이 다르고, 코드가 맞지 않으니, 함께 사는 게 쉽지 않구나 싶었다. 더불어 살기가 쉬운 것만은 아니다. 함께 살아가기가 여간 힘든 것이 아니다. 코드를 맞추기가 쉽지 않으니 말이다. 그래도 맞추어야 하는 거라면 맞추어야 한다. 쉽지 않은 일이기 때문에 노력하고 또 노력해야 한다. 몸에 습관하시키기 위해 훈련을 게을리하지 말아야 한다. 그렇게 함으로써 서로 코드를 맞춰 나가야 한다. 그러기 위해 자신을 내려놓고, 포기를 친구로 삼아야 한다. 불편하더라도 익숙해질 때까지 배우며, 그래서 코드를 맞춰 나가야 한다.

어느 인류학자가 아프리카 한 부족 아이들을 모아놓고 딸기가 가득 찬 바구니를 놓아두었다. 누구든 먼저 뛰어간 아이에게 과일을 모두 주겠다고 했다고 이야기했다. 아이들이 경쟁하듯이 달려갈 줄 알았는데, 예상과 달리 아이들은 약속이라도 한 듯 서로의 손을 잡고 함께 바구니로 걸어갔다. 다다르자 모두 함께 둘러앉아 웃으며 과일을 나누어 먹었다고 한다. 아이들에게 "일등으로 가면 모든 과일을 주려 했는데 왜 손을 잡고 같이 달렸느냐"라고 물었다. 아이들이 "Ubuntu"

라는 단어를 합창하며 "다른 아이들이 다 슬픈데 어떻게 나만 기분 좋아요?"라고 대답했다고 한다. "Ubuntu"는 아프리카어로 "우리가 함께 있기에 내가 있다."라는 뜻이다. 사람은 혼자 살아가기보다는 함께 더불어 살아갈 때 존재의 이유와 의미를 느낄 수 있다.

우치다 타츠루라는 일본인 작가가 쓴 《어른 없는 사회》를 보면 혼자 사는 사람이 늘어난 결과 "점점 사람들이 아이들이 되어간다."고 진단했다. 그는 공동체에 대한 관심 유무로 어른과 아이를 구분한다. 예컨대 길에 떨어진 쓰레기를 줍지 않는다면 아이, '모두의 일'이므로 줍는다면 어른이다. '아이'가 늘어날수록 사회는 퇴화한다는 뜻이다. 혼자 사는 삶에도 나름대로 의미가 있음을 인정하므로 그들의 선택을 폄하하는 것은 아니다. 그런 삶이 자칫 사회적 동물인 인간을 사회에 적응 못하는 '아이'로 퇴화시킬 수 있다는 경고이다. 한자의 사람 인人자를 보아도 사람은 서로 기대어 함께 살라는 의미를 형상화하였지 않은가. 혼자가 아닌 함께 사는 세상, 우리는 숙명적으로 남녀노소 누구나 이웃과 모두 함께 어우러져 살아야 한다. 혼자 살아 편안하다고 폐쇄적 공간에 갇혀 있지 말고, 조금은 불편하고 신경을 써도 열린 공간에서 함께 희노애락을 맛보며 행복하게 살아야 한다. 혼자 가면 빨리 가지만 함께 가야 멀리 간다고 하지 않는가. 서로 다른 작은 별빛들이 모여야 어둠을 밝히듯 어울려 함께 살려는 밝고 건강한 의식을 가질 때 우리 모두의 삶이 행복해질 것이다.

프레드릭 배크만의 《오베라는 남자》라는 베스트셀러의 내용이다.

60이 된 어느 북유럽의 중년의 남자가 주인공이다. 고지식하고 다른 사람과의 교류나 관계없이 주어진 삶을 원칙을 따라 살아가는 사람이다. 같은 시간에 일어나고 마을에서 일어나는 원칙을 벗어나는 일에 화를 낸다. 자기의 삶은 스스로가 다 책임져야 한다고 믿는 사람이다. 다른 이들에게 관심도 없고 즐거운 것도 별로 없는 사람이다. 그래도 그가 아내를 만나 사는 동안에는 무채색인 인생에 아름다운 색들이 칠해갔다. 안타깝게도 아내가 먼저 암으로 세상을 떠나자 그는 다시 무채색의 삶으로 돌아갔다. 세상은 조금씩 변해갔고 그는 적응하지 못했다. 그래도 그는 예전과 같은 모양으로 삶을 살아간다.

어느 날 그는 회사에서 해고를 당한다. 그의 인생에 유일한 소망이 죽은 아내를 만나는 것이 되었다. 이내 주변을 정리하고 스스로 목숨을 끊으려 하지만 그때마다 그의 주의를 끌고 방해하는 일들이 생긴다. 아무리 죽더라도 참견할 것은 참견해야 하고 원칙은 지켜야 하는 이웃이 생긴 것이다. 사사건건 그에게 이런저런 부탁을 하는 이웃 덕분에 그는 죽을 기회를 놓쳤다. 그들과 어울려 사는 삶 속으로 들어가게 된 것이다. 바로 그렇게 하는 것이 자기의 죽은 아내가 좋아 했던 것임을 기억하게 된다. 죽어서 아내를 만났을 때 기쁘게 해주기 위해 죽기 전에 한 가지씩 일을 해가던 그가 비로소 사람들과 어울려 사는 삶을 배우게 된 것이다.

덕분에 시간이 흘러 그의 장례식에는 많은 이들이 모여 슬퍼하고 사랑과 정이 많았던 사람 오베라로 기억하게 된다.

우리는 이웃들과 어울려 살아간다. 그 안에서 서로에게 영향을 미치고 또 영향을 받는다. 때로는 나의 의견과 원칙이 너무 강해서 다른 이들과 이울리지 못하기도 하고 또 그들로 인해서 나의 삶이 흔들리기도 한다. 그래도 우리는 혼자 삶을 살아가도록 만들어지지 않았다. 누군가와 소통하고 사랑하며 살도록 사명을 받았다. 좋은 말과 태도는 좋은 사람을 만나 웃음과 가뿜으로 되돌아온다. 그들을 위해 기도하면 그 사람들의 삶에 좋은 것을 주고 싶어진다. 그들의 어려움을 보고 눈물을 보면 손을 내밀어 주는 것이 어렵지 않다.

사랑하는 삶이 참 부담스러웠다. 내게 그런 성향이나 재능이 없기 때문이다. 그러나 그들에게 관심을 가지고 사랑하는 마음으로 대하는 각기 다른 표현들도 언젠가는 그들에게 전해진다는 것을 배운다. 할 수 있다면 받는 이들이 좋아하는 것을 주어야 하겠지만 혹시 그렇게 하지 못하더라도 내가 전하는 마음은 언젠가 전달된다. 무뚝뚝한 아버지의 마음이 자녀들에게 묵직한 사랑으로 전달되는 것처럼 빠르고 부드럽지 않더라도 사랑하며 사는 삶을 살아가기를 원한다.

인디언 속담처럼 멀리 가기 위한 방법은 함께 가는 길이다. 함께 가는 길은 '상생' 말고는 없다. '상생'은 한마디로 일방통행이 아닌 '쌍방통행'을 말한다. 내가 살아야 네가 살고, 네가 살아야 내가 살아가는 서로 함께 살기, 그것이 바로 상생이다. 적자생존의 피비린내 나는 정글의 법칙이 아니라 서로 도와가며 공존하는 자연의 현상에 더 주목해야 한다. 알고 보면 밀림의 세계는 평화와 생명이 화음으로 울려 퍼지는 오케스트라의 연주장과 같다고 한다. 그렇게 공생 관계로 살고 있는 동물로는 무엇이 있나? 악어와 악어새는 공생 관계이다. 악어새는 악어의 이빨 속에 있는 고기 찌꺼기를 먹고산다. 악어는 개운 해져서 좋고 악어새는 배불리 먹어서 좋다. 목이 길어서 슬픈 짐승 기린은 몸에 붙어 있는 진드기 같은 기생충을 잡을 수 없다. 그것을 찌르레기가 잡아주는데, 물론 그냥 봉사하는 게 아니다. 찌르레기에게 기린은 '움직이는 목장'이다. 기린은 먹이의 공급원, 찌르레기는 반가운 청소부, 이렇게 공생 관계를 맺고 살아간다. 이렇듯 공생 관계에 있는 동물은 많다.

우리 선조들은 생물학 용어인 '공생' 대신 '상생'이라는 말을 썼다. 우리는 예부터 '계'와 '두레'를 통해 상생 문화를 생활화했다. 서로 조화를 이뤄가며 도와가며 윈윈하는 상생. 사실 실천하기가 쉽지는 않다. '상생'에서 가장 중요한 것은 "나만 잘났으니 너는 더부살이나 해라" 식의 더부살이 공생이 아닐 거다. 나와 네가 평등하게 어깨를 맞대고 살아가는 '서로 살기'가 진정한 '상생'이다. 돌아보면 관계의 가장 큰 문제점은 여기에 있다. 내가 유리한 것, 내가 많이 가지는 것, 내가 먼저 하는 것, 그렇게 '나 먼저', '내가 많이'를 추구하다 보면 관계가 평화로울 수 없다.

가장 어려운 게 인간관계라고들 한다. 삶의 거친 전쟁터에 서 있는 분들에게 가장 필요한 인간관계의 원칙, 흔히들 말하지만 참 어려운 그 원칙은 바로 '혼자 잘살겠다.'가 아니라 '함께 잘살자'는 '윈윈'이다. 이기심의 현장은 더 이상 희망의 세계가 될 수 없음을 기억해야 한다. 세상은 혼자만 잘 살겠다고 잘살 수 있는 것이 아니다. 설령 혼자 잘산다고 모두 행복한 것은 아니다. 자신은 풍요롭고 행복해도 주

변이 그렇지 못하면 행복할 수 없다. 다함께 잘 사는 세상이 되어야
행복을 나누며 함께 행복할 수 있다. 다함께 잘 사는 세상을 추구하는
것이 사회적 경제이다. 다함께 잘 사는 것을 추구하지만 하향평준화
되는 것이 문제이다. 이런 문제를 해결하기 위해서는 성장의 동력은
살려두고, 상생할 수 있는 정책으로 함께 전개해야 한다. 이렇게 함께
살아가야 행복한 삶이다.

3
상처와 아픔

"우리 50, 60대는 조기퇴직했다고 해서 할 일 없다고 산에나 가고, SNS에서 험익한 댓글만 딜지 말고 아세안으로 가셔야 해요"

가공할 정도의 실업난과 자영업 붕괴위기의 상황에서 어려움을 겪는 사람들에게 할 이야기가 아니다. 하다못해 정부 정책에 불만을 갖는다 해서 이들 장년세대의 심장에 비수를 꽂는 말을 대통령 경제보좌관이 했다는 것은 국민들의 가슴에 크나큰 상처를 준 것이다.

"국립대에서 국어국문학과 졸업하면 요즘 취직이 안 되지 않나. 저는 그런 학생들을 왕창 뽑아서 인도네시아 한글선생님으로 보내고 싶다. 여기 앉아서 취직 안 된다고 헬조선 이러지 말고 아세안에 가보면 해피조선이다"라고도 했다. 경제보좌관은 자신의 부모 형제에게, 그리고 자신의 아들 딸 조카에게도 이렇게 말할 수 있을까. 산에 갈 수밖에 없는 장년들의 고통과 애환을 그는 알고 있을까. 대학을 졸업하고도 취업을 못하고 알바로 용돈을 벌어 쓰며 부모 눈치봐가며 애처롭게 지내야 하는 청년들의 아픔을 진솔하게 들어봤는가. 그렇지 않고서야 차마 이런 말을 할 수는 없는 일이다. 같은 어른으로서 젊은이들에게 낯을 들 수가 없을 정도로 민망하다.

자신들의 잘못된 정책을 비판한다고 해서 비아냥조로, 아픈 가슴에 비수 찔렀다. 경제정책을 입안하는 최고위 인사의 인식이 그렇다는데 문제는 심각하다. 파장이 크니까 적당히 사과하고 자리에서 물러났다고 해결될 일이 아니다. 정책에 그 같은 철학과 인식이 깊게 깔려 있을 것 같은 우려 때문이다. 보좌관의 경질과 사과에 진정성이 없어 보인다. '내가 틀린 말 했나'라는 생각을 갖고 있는 것 같은 느낌을 준다. 청와대 대변인에 따르면 대통령은 그를 경질하면서 "발언 취지를 보면 맡고 있는 신남방정책의 중요성을 강조하다 보니 나온 말"이라고 했다. "우리 정부 초기 경제정책의 큰 틀을 잡는데 큰 기여를 했고 경제보좌관으로 역할을 충실이 해왔는데 예기치 않은 일이 발생해 안타깝다"고 말했다 한다.

야단치기보다 격려하는 발언같아 씁쓸하다. 직접 사과하지는 않더라도 보좌관의 수많은 국민 가슴에 상처주고 못 박은 발언에는 따끔한 질책이 있어야 했다. 국민의 아픔을 쉽게 생각해선 안 된다. 비록 자신들의 정책에 기를 쓰고 반대한다 해도 귀 기울여 듣고 설득해야 한다.

죽을 때까지 변하지 않는 사랑은 없다. 사랑은 맹세하는 순간에만 영원할 것으로 믿는다. 만남을 운명이라 치부하며, 이별조차도 "사랑하기 때문에 헤어진다."라는 식으로 표현하는 것은 권태롭다. 헤어지는 연인에게 매달리기라도 하면 자존감은 무너진다. 무너진 자존감은 쉬이 회복되지 못한다. 어떤 이별이든 우아함을 강요한다. 사랑하는 과정의 소중함을 뒤돌아볼 수 있게 만든다. 상처받은 젊은이에게 해줄 수 있는 조언은 백 마디 말보다 영화 한 편을 권하는 것이 더 나을 수도 있다.

"너희 때는 다 그래"라는 고리타분한 대응은 청춘의 이별에 대한 아픔을 강요할 수 있다. 최대한 진중하고 낮은 목소리로 사랑과 이별에 대한 조언의 방식이 필요하다. 그럴 때면 대숲에 이는 바람이 귀에 들리는 순간 이미 스쳐지나는 것처럼, 지상에 있는 모든 아름다움은 항상 머물지 않고 스쳐 지나가는 관성을 가지고 있다고 말한다. 그 아름다움이 우리 곁을 스쳐 지나가는 소리를 듣고 싶다면 영화 〈봄날은 간다〉를 혼자서 보는 것도 아픈 이별에 대처하는 방식으로 썩 괜찮다고 말해준다.

싸우고 돌아서면 차마 맞잡을 수 없는 손도 있다는 것을 깨닫는다. 속이 상하지만 다시 만나지 않는 편이 더 나은 인연이 있다는 것도 알게 된다. 변하지 않는 진실이 있다. 헤어지고 만나면서도 각자가 그려온 궤적은 결국 더 나은 관계를 향해서 간다는 것이다. 우리 모두는 상대가 떠난 뒤에야 그 존재를 알게 된다. 인간관계를 관리하지 않고 흘러가게 두는 것이 훨씬 자유로워진다. 조급한 이별은 둥글지 않고 모가 난다. 사람의 굴레 중 벗기 어려운 것이 자존심이다. 인간관계의 많은 갈등이 상처받은 자존심 때문에 생긴다. 자존심에 상처받았기에 공격한 사람을 증오한다. 상처받을까 봐 두려워서 미리 공격한다. 무의미를 깨달은 순간, 어지간한 타인의 생채기에도 상처받지 않는다.

경계가 없기에 아픔은 불행이 아니라 삶을 풍요롭게 하는 무늬로 여겨진다. 타인이 주는 생채기마저도 삶의 일부로 담대하게 수용하게 된다. 그것이 내공이다. 사랑도 내공이 필요하다. 이별은 말할 나위가 없다. 물론 이 또한 간단치는 않은 일이다.

사람의 마음에 상처 주는 말은 조심해야 한다. 꼭 해야 할 필요가 있더라도 정제해서 내뱉어야 한다. 책임 있는 자리에 있는 사람들은 더 그렇다. 말 한마디를 입 밖으로 낼 때 충분하게 생각하고 절제해야 한다. 단순한 대화에서의 실수도 용납이 되지 않는데, 강의에서는 더 진중할 필요가 있다. 경제보좌관의 입에서 나온 말은 자신의 감정을 추스르지 못한 행동이다. 그러기에 국민들은 분노하고 상처를 받는다. 어떻게 저런 사람이 대통령을 보좌한단 말인가에서 끝나지 않는다. 대통령의 사상까지 의심받게 만든다. 외부적인 생채기는 약물치료로 깨끗하게 치료가 가능하다. 하지만 마음에 생긴 상처는 시간이 가도 완전히 치유되지가 어렵다.

사랑의 아픔을 다독이는 것도 마찬가지이다. 자신의 입장에서가 아닌 당사자 알아차리도록 해주는 것이 필요하다. 스스로 알아차리는 것이 문제 해결의 시작이다. 자신이 어떤 부분에 감정적으로 예민하게 반응했는가를 스스로 느끼게 해주는 것이 필요하다. 우울증과 같은 마음병을 어떻게 해결해야 하는지에 대한 논의가 거듭되어야 한다. 이미 생긴 상처는 가장 쉬운 방법으로 치유를 이루어 갈 수 있다. 너무 오래되어 검고 딱딱한 암 덩어리가 되기 전에 이 방법을 시도해서 치유해야 한다. 마음의 아픔이나 생채기는 서로 그것에 대해 표현하기 시작할 때 풀어져 나오고 치유가 일어난다. 글쓰기와 책쓰기를 통해 마음속에 아픔을 밖으로 끄집어내는 것이 치유하는 방법이다.

우리 주변에 분노가 조절되지 않는 사람이 많다. 치유되지 않은 상처를 안고 사는 사람이 이 나라에 많다는 뜻이다. 자신의 마음속 분노의 원인을 탐색하고 그 상처를 치유받도록 해야 한다. 화를 내지 않는 온유한 사람이 되도록 노력해야 한다. 온유한 목소리와 말이 치유하는데 큰 도움이 된다. 온유함은 가장 위대한 성품이다. 온유한 목소리에 사람은 더욱 끌리고 반응하고 순종하게 된다. 온유한 사람 곁에 있기만 해도 마음이 평안해지고 치유가 일어난다. 그럼에도 불구하고 온유한 사람을 찾기가 너무 어렵다. 온유함은 치유를 온전히 경험한 사람의 성숙함이 계속되어 마지막에 나타나는 최상위의 성품이기 때문이다.

사람은 상대방이 공격적으로 말하기 시작하면 마음을 닫아걸고 적대적으로 변하게 된다. 가족관계에서도 마찬가지다. 늘 가까이에서 생활하기 때문에 더욱 섬세한 배려와 노력이 필요한 것이 가족과의 관계이다. 그러나 대부분 가장 가깝기 때문에 함부로 한다. 부모는 자식을 자신의 소유물로 생각하며 함부로 대한다. 그러면 안 된다. 지금까지 혹시 그렇게 살아왔다면 마음속에 응어리가 많이 쌓였을 것이다. 이 응어리가 우울증이 되고 불안장애가 된다. 이것은 쌓아두면 응고되고 딱딱한 응어리가 되어 영혼의 병을 부른다. 쑤시고 아픈 암 덩어리가 된다. 그래서 그때그때 풀어내고 치유가 일어나도록 해야 한다. 그러면 쌓이지 않게 되고 심리적 병으로도 진행되지 않는다.

"우리 가족은 대화가 안 돼요"라고 말하는 것은, 너무 많은 상처를 이미 받았고 지금도 받고 있다는 뜻이다. 안 된다고 생각하지 말고 아빠는 아빠대로, 엄마는 엄마대로 노력하고 또 노력해서 가정 내의 혈액이 돌게 하자. 대화를 통한 치유가 일어나도록 노력해야 한다. 아픈 마음을 쌓아두지 않고 그때그때 표현하고, 응어리가 되지 않도록 해야 한다. 돈만 벌어 오는 아빠가 아니라, 아이들과의 소통을 위해 노력하는 아빠들이 되어야 한다. 늘 대화하며 분위기를 부드럽게 이끄는 부모가 되어야 한다. 그래서 상처받는 아이들이 더는 생기지 않아야 한다. 우리가 살고 있는 이 나라가 자랑스럽고 행복한 나라가 되길 바란다. 누군가 힘들고 아파 보이면 표현하라고 기회를 주어야 한다. 공감적 태도로 다가가 말을 걸고, 안심하고 표현하게 하고 풀어놓도록 해주면 당신은 '위대한 치유자'가 된다. 서로가 서로를 치유해주는 동안 '욱' 하며 분노를 표출하는 사람들도 줄어들게 될 것이다. 분노를 표출하는 그 사람 내면 깊이 자리 잡은 '외로움'도 함께 치유될 것이다.

4
내 곁에 누군가

바닷속에 조개 하나가 살고 있었다.

어느 날 조개는 이웃에 사는 조개를 만나 하소연을 했다.

"내 몸 속에 아주 귀찮은 것이 있어. 무겁고 둥글게 생겼는데 아주 귀찮고 불편해."

그러자 이웃에 사는 조개는 아주 거만한 표정으로 말했다.

"나는 아주 건강해. 몸속에 아무것도 이상한 것이 없지. 나는 정말 건강해."

"좋겠다. 난 정말 이 둥글고 무거운 것 때문에 살 수가 없어."

그때 이웃에 사는 게 한 마리가 지나가다 조개들의 이야기를 들었다. 그리고 건강하다고 자랑하는 조개에게 말했다.

"너는 건강하지? 물론 그럴 거야. 하지만 네 이웃이 참아내고 있는 그 고통스런 것은 정말 귀중한 진주란다."

조개는 이 말을 듣고 자신의 몸속에 있는 귀찮고 불편한 것도 사랑해야 하는 것이라는 것을 알게 되었다. 그렇다. 그 조개가 간직하고 있는 고통은 바로 진주다. 아름답고 소중한 진주를 간직하려면 그만큼의 고통을 감수해야 한다.

우리는 가족과 친구, 그리고 사랑하는 사람을 곁에 두고 산다. 그러나 아무리 사랑하는 사람이라도 고통을 주곤 한다. 사랑과 행복은 고통스러운 면을 가지고 있다. 사랑이라는 보석을 위해서는 고통스러운 짐을 짊어져야 하는 것이다. 우리가 잊고 있는 보물이란 고통스럽지만 함께해야 할 바로 그 사랑이다.

인간이든 동물이든 자식을 낳으면 본능적으로 품고 핥는다. 자신 몸의 일부였던 그 작은 몸이 세상으로 나왔을 때 그들에게 할 수 있는 가장 꾸밈없는 몸짓이다. 그 몸짓에는 누구도 흉내낼 수 없는 사랑으로 가득 차 있다. 이는 자식이 자라면서 여러 행동으로 바뀌어 나타나지만 그 근간이 절대적 사랑이다. 성년이 되기 전까지, 되고 난 후에도 이런 사랑에 흠뻑 취할 수 있다. 이것은 누군가에게는 당연한 권리이고, 누군가에게는 평생 갈구의 대상이 된다.

방송인 이영자가 〈2018 KBS 연예대상〉 및 〈2018 MBC 연예대상〉에서 대상을 받았다. KBS 예능프로그램인 〈안녕하세요〉와 MBC 〈전지적 참견시점〉 등에서 활약이 두드러졌다. KBS와 MBC에서 '연예대상'을 받아 방송 최초 여성 2관왕이 탄생했다. 이영자의 수상은 2018년에 문화연예계를 휩쓴 여풍 열풍으로도 해석된다. 이영자가 꼼꼼한 스타일이라는 점을 차치하고서라도 그의 부활이 얼마나 대단한지 알 수 있는 대목이다.

이영자의 수상은 방송 활동을 오래 지켜본 사람이라면 또 다른 감회에 들게 한다. 이영자에게 이른바 '이영자 패밀리'인 고 최진실을 시작으로 최화정, 홍진경 등 우정을 나눈 이들의 공감과 응원이 있었다. 이영자는 케이블채널 올리브 〈밥블레스유〉 출연을 결정할 때도 또 다른 '우정'인 김숙, 송은이의 거듭된 권유 끝에 카메라 앞에 섰다. 〈2018 KBS 연예대상〉 수상 소감에서 "이걸 꼭 이야기하려고 했다. 저를 힘들 때마다 다독여준 우리 김숙 씨, 송은이 씨 너무 감사하다"고 두 사람을 콕 찝은 이유다.

"성공은 친구를 만들고, 역경은 친구를 시험한다."라고 로마의 한 작가가 남긴 말이다. 행동이 말보다 낫고, 관계가 결과를 낳는다. 자신의 어려움은 우정 깊은 이와 나누고, 친구의 어려움은 먼저 헤아려 보는 여유를 가져라. 공통 관심사를 가진 친구도 좋지만, 영감을 주고 자극을 주는 배움의 친구를 마치 연애 상대를 찾듯이 만들어보라.

끼리끼리란 말이 있다. 비슷한 무리끼리 함께한다는 뜻이다. 주로 그 사람 옆에 있는 사람을 보면 그 사람이 어떤 사람인지 알 수 있다. 예를 들어 강연을 하다 보면 자는 친구 옆에는 자는 친구가 있고, 스마트폰 하는 친구 옆에는 스마트폰 하는 친구가 있다. 서로 취미와 취향이 같아 하는 행동이 비슷한 것이다. 당신 곁에는 당신이 우울할 때 당장에라도 뛰어와 줄 수 있는 친구가 몇 명이나 있는가? 당신 곁에는 누가 있는가?

인간은 사회적 동물이다. 태어나면서부터 가족 관계가 형성되고 성장과 더불어 사회 집단 속에서 서로 관계를 맺으며 생활하게 된다. 그러는 가운데 자연스럽게 자신이 속한 사회의 언어와 문화를 습득하여 타인과 소통하고 서로 협동하며 살아간다. 그것을 통해서 인류는 나날이 발전해나가는 것이다. 언뜻 인간은 개개인으로 존재하는 듯이 보이지만, 실제로는 가족을 비롯하여 사회와의 유기적 관계 속에서 성장하며 살아간다. 발전적인 사회를 형성할 수 있는 능력은 인간만이 가지고 있는 커다란 강점인 셈이다. 그리고 그 인간 사회는 가족으로부터 시작된다. 어떤 순간에도 내 편이 되어 주는 든든한 백이 있었으면 좋겠다는 생각을 해 본 적 있는가? 그렇다면 언제나 당신 곁에는 가족이라는 지원군이 있음을 깨달을 차례다.

이영자는 지난 2001년 다이어트 구설수로 정상에서 갑자기 내려왔다. 이영자는 당시를 회상하면 "30대에 큰일을 겪었다. 패가망신한 일이다. 그때 '완전히 새로운 내가 되어야겠다.'고 다짐했다. 매일 집에서 오른쪽으로 돌아가던 길을 왼쪽으로 가보니 새로운 것들이 보이더라. 죽어도 못 하겠다는 일 하나만 해보면 인생이 바뀌더라"고 고백했다. 모든 걸 바꿨으나 결코 바꾸지 않은 건, 그 시기 그의 곁을 지킨 이들이다. 이수근을 곁에 둔 강호동, 송은이, 김숙을 둔 이영자 등이 방송가에서 부러움을 받은 이유다. 자신을 언제나 믿고 응원해주는 친구가 있는가? 자신의 어려움을 나누고, 친구의 어려움은 먼저 헤아려주는 친구를 만들어보라. 자신의 어려움을 서로 나눠가지며 자극을 주는 배움의 친구를 만들어보자.

이 풍진 세상 살다 보면 누구나 어쩔 수 없이 겪게 되는 아픔이 있고 지울 수 없는 상처를 남기기 마련이다. 이때 조건 없이 달려와서 이해와 사랑으로 포근히 감싸 안으며 절망을 딛고 일어설 수 있도록 희망을 주는 사람이 바로 내 가족이다. 가족은 한평생 내 인생의 동반자다. 인생의 긴 여정에서 고단한 삶에 지친 나를 언제나 낯익은 눈물로 위로해 주고 생의 마지막 순간까지 내 곁을 지키며 담담하게 영결의 정한을 나눌 사람들이다. 그런데도 우리는 일상에서 그 소중함을 잊고 산다.

뒤늦게나마 우리의 젊은이들이 '나' 아닌 '우리'와 가족의 소중함에 더 큰 가치를 두고 스스로 사궁의 처지가 되는 일이 없기를 바란다. 가족이란 서로에게 보이지 않는 모멘텀을 만들어내는 원동력이다. 살다보면 정말 어려울 때 옆에 있어줄 사람이 절실히 필요함을 느낀다. 진정 어려울 때 진짜 필요할 때 옆에 있어줄 사람이 바로 가족인 것이다.

김사인의 시처럼 너무 가까이 있어서 쉽게 대하고, 함부로 말하고 그래서 가장 큰 상처를 주기도 하고, 받기도 하는 사이지만 말없이 서로 이해하고 그냥 있는 것이 가족이 아니던가. 언제나 내 곁에는 가족이 묵묵히 응원하고 지원해주고 있음을 잊지 말고, 자신이 원하는 바를 향해 열정을 다하라.

5
세상에 너를 소리쳐

"나는 이다음에 크면 아빠 같은 사람이랑 꼭 결혼할 거야."

천진한 말이다. 문득 이런 생각을 하게 되었다.

'얘야 세상 모든 아빠는 다 같은 남자란다. 모두에게 친절하고 다정하고 멋스러워도 정작 자기 마누라한테는 밥 먹는 것도 꼴 보기 싫은 그런 남자란다. 아빠 같은 사람이랑 결혼해도 그 아빠같이 좋던 그 사람도 변하고 변해 그냥 다 같은 그런 남자란다. 살아보면 그놈이 그놈이다. 아빠 역시 그놈이다. 왜 아줌마들이 허구한 날 '자기 아빠 닮아서는, 밥 먹는 것도 꼴 보기 싫고 젓가락질 하는 것도 미워' 하는지 이제야 알겠다. 살아보니 자연히 알게 되었다. 이게 그 말로만 하던 권태기인가? 아니면 내가 정말 지친 걸까? 맨날 토닥거리고 싸워도 제자리이다. 노력하고 변하려 한다 해도 제자리이다. 하지만, 그냥 또 싸우게 되면 모아놨다가 한 번에 따져야지 하고 참고 산다. 자꾸 내가 치사해질 뿐이다. 난 원래 이런 사람 아니었는데, 그래도 그나마 이렇게 복수의 칼을 갈아야만 내 스트레스가 애들한테 전달되지 않는다.

언제부턴가 애들한테 분풀이를 하는 걸 느꼈다. 어마무시하게 무서운 현상이다. 참자. 참아! 남편이 아니라 원수덩어리이다. 신경 끄고 나는 내 할 것만 하자. 내 할 도리만 하자. 잘할 것도 없고 잘할 필요도 없다며 스스로 참고 또 참으며 산다.'

사람이 인생을 살아간다는 것은 정말 기를 쓰고 열심히 살아가려고 노력을 한다. 단 한 번뿐인 인생이기 때문일 것이다. 그럼에도 책에서는 그렇게 열심히 살지 말라고 한다. 아무리 기를 쓰고 애써봐야 그 이상을 기대하기 어렵다고 말한다. 하지만 힘을 빼고 절반도 되지 않는 노력을 하면 그 몇 배의 성공을 거둘 수 있다고 한다. 말도 안 되는 어불성설이라고 잘라 말할 수 있지만, 이해가는 부분도 있다. 자신이 모든 것을 다 할 생각을 하지 말고 옆의 사람에게 부탁도 하고 같이 하라는 것이다. 그렇게 했을 때 더 큰 결과를 이루어낼 수 있다는 것이다. 우리는 지금 너무 자신에게 모든 것을 올인하며 아등바등하고 있지 않은가.

최근 들어 정신과 치료를 요하는 사람들이 많아졌다. 사람들의 일그러진 자아상과 파괴적인 모습에서 더욱 더 일그러진 사람들을 만들어내고 있다. 가족 중 한 사람의 파괴적 분노는 그 가족들 모두를 파괴하고도 남음이 있다. 남편 한 사람의 외도로 아내가 무너져내린다. 부모의 이혼으로 아이들은 씻기 힘든 상처 속에 방치되기도 한다. 아무렇지도 않은 얼굴로 다니는 많은 사람들 중에 정말 아무렇지도 않은 사람이 얼마나 될까. 상담을 요청하는 많은 사람들은 누구나, 자신의 문제는 도저히 해결할 수 없는 큰 문제라고 말한다. 자신이 가장 힘들고, 자신이 가장 슬프고, 자신의 가슴이 가장 많이 찢겨졌다고 말한다. 문제는 그렇게 말하는 사람이 너무나 많다는 사실이다. 그러므로 얼마나 많은 사람들은 자신이 찢겨졌다는 것을 의식하지 못하거나 의식했다고 해도 말하지 못하고 있는가.

상한 마음의 치유는 병원에 가서 치료받으면 회복이 가능하다. 신앙에 의존하여 마음을 치유하는 것도 방법이다. 상한 마음을 그대로 방치해둠으로 인해 정신분열증으로 진행되지 않도록 해야 한다. 깊은 우울증의 나락으로 떨어지지 않도록 해야 한다. 상한 마음 그대로 가지고 병원에 가기만 하면 된다. 많은 사람들은 자신의 가면을 벗지 못하고 자신의 누더기 옷을 벗지 못한다. 그것을 다 벗고 진솔한 모습으로 나아가기만 하면 된다. 아프면 아픈 대로, 슬프면 슬픈 대로, 그대로 의사 선생님께 보이고 솔직하게 말씀드리고 치유를 기다리면 되는데도, 가식과 위선이 습관처럼 몸에 배어 있어 차마 병원에서조차 다 드러내지 못하고 '거룩한 척'한다. 이제 그냥 다 벗자. 다 벗고 의사 앞에 아프다고, 슬프다고, 고통스럽다고 소리쳐 말하자. 그러면 의사는 우리를 싸매고 씻고 치유한다. 반드시 치유한다. 그렇게 자신을 드러내는 사람이 바로 '지혜로운 사람'이다!

신은 메아리이다. 그것도 우리가 생각한 것만을 돌려주는 메아리이다. 힘들고 어려울 때 안 된다고 말하기 쉽다. 메아리와 같은 신은 내가 던진 말을 그대로 던진다. "나는 못 생겼어." 하면 그대로 "넌 못

생겼어."라고 응답한다. "나는 사랑받고 있어."라고 하면 그대로 너는 사랑받고 있다고 이야기 해준다. 참 멋있고 줏대 없는 신이라고 생각할지 모르겠지만 신의 특성을 알고 나면 그다음은 쉽다. 내가 듣고 싶은 말만 던지면 되는 것이다. 이보다 더 쉬운 일이 어디 있으랴. 지금 당신이 듣고 싶은 말을 해보라. 신은 당신에게 그대로 돌려줄 것이다.

지금 이 시대의 사람들은 나라를 막론하고 전부 힘들다 외치며 살아간다. 힘들다고 외쳐도 그것을 이겨낼 사람은 당신밖에 없다고 생각하면 더 힘들지 않은가. 지금 담장 온몸의 힘을 빼보자. 그리고 조금은 더 이상은 참지 말고 하고픈 대로 하고 살아보자. 그렇게 하더라도 세상은 무너지거나 종말이 오지는 않는다.

10년 전에 베스트셀러이었던 《세상에 너를 소리쳐!》는 아이돌이 아닌, '이 땅의 젊은이'로서 빅뱅이 전하는 꿈과 열정의 메시지다. 초등학교 때부터 가수라는 '꿈'에 '인생'을 건 G-드래곤과 태양을 비롯해, 꿈을 향해 나름의 방식으로 전력질주해온 TOP, 대성, 승리의 이야기다. 이들은 또래 누구보다 먼저 꿈에 눈을 뜨고, 그 꿈을 향해 직접 손과 발을 내밀어 질주하면서, 좌절이나 실패와 싸워나가는 법을 배웠다. 젊음의 가치는 '무언가에 목숨 걸고 도전해보는 것'이다. 푸른 하늘을 날고 싶다면, 먼저 일어서고 넘어지고 달리는 법을 배워야 한다.

이 책에는 그 어떤 순간에도 미칠 듯 불타오르는 꿈의 본능을 잊지 않는 '열정덩어리들'의 뜨거운 체온이 고스란히 담겨 있다. 때문에 이 책이야말로 손이 아니라 몸과 땀, 열정으로 쓴 책이라 할 수 있을 것이다.

다섯 멤버들의 강철처럼 강인한 의지와 쓰러져도 다시 일어나는 감동의 순간들은 열정과 의지, 노력과 연습이 지니는 가치를 온몸으로 입증한다. '어리다고 꿈조차 어릴 수 없다'는 사실을 입증하는 이들의 이야기는 꿈을 이루는 방법에 대한 진지한 고민과 메시지를 전달하고 있는 것이다. '열정'의 다른 이름은 '인내'와 '끈질김', 그리고 '시련에도 불구하고 일어서는 것'이다. 그들만의 열정과 꿈, 도전과 용기의 메시지를 한 권의 책으로 엮어 세상에 내놓은 것이다.

그 어떤 순간에도 미칠 듯 불타오르는 꿈의 본능을 잊지 않는 '열정덩어리들'의 뜨거운 체온이 고스란히 담겨 있다. 퇴로조차 없는 단 하나의 선택지에 몸을 던지고, 목이 터지고 몸이 부서질 때까지 경쟁하고, 작아지고 초라해진 자신을 추스르며, 마침내 자신과의 승부에서 우뚝 선 이들이다. 이들은 누구도 들려줄 수 없는 설득력 있는 목소리로 말한다.

"너의 손으로 문을 열지 않으면 새로운 세상은 열리지 않는다. 지금, 세상을 향해 너를 소리쳐라! 누구라도 흘려듣지 못하도록, 당당하고 큰 목소리로! 세상이 너에게 허락한 것이 아니라, 네가 원하는 것을 가져라!"

열정과 의지, 노력과 연습 등, 진부할 대로 진부해져버린 가치들의 중요성을 온몸으로 입증하는 이들의 이야기는, 자칫 꿈을 잃고 방황하는 이 땅의 젊은이들에게 '꿈과 도전의 가치'에 대한 진지한 고민을 던지기에 충분하다.

자신의 마음을 자신이 알아주고 안아주고 받아주는 것에서부터 치유는 시작된다. 지금까지 상처투성이로 살아왔어도 괜찮다. 지금, 여기에서부터 다시 시작하면 된다. 너무 멀리 왔다고 생각할 필요도 없다. 일찍 성공을 거뒀더라도 일찍 죽을 수도 있고 늦게 꿈을 이루었어도 오래 살면서 기뻐할 수도 있다. 남들과 비교하지 말아야 한다.

"나는 나다!" 누구도 나 대신이 될 수 없다. '무의식적으로' '나도 모르게' 행동하고 생각하는 것을 '의식의 차원'으로 끌어올려 인식하기 시작해야 한다. 자신도 모르게 자신을 멍청하다고 생각한다거나 비하하고 있지 않는지 의식해야 한다. 그래야 조금씩 해결되고 진정한 자신을 찾게 된다.

니체는 '이미 행해진 일에 손을 쓸 수 없는 의지'는 '일체의 과거에게 악의를 품고 있는 관망자'라고 말했다. 이미 행해진 일은 되돌릴 수 없고, 되돌아가서 수정할 수도 없다. 세계가 복수의 대상이 되는 것은 더없이 고통스런 일이다. 이런 의지를 지닌 인간을 니체는 병든 자라고 부른다, 정신의 불구자라고. 이 경우 정신의 불구를 헤쳐서 나올 방법은 딱 하나뿐이다.

'나 그렇게 되기를 원했었다!'라고 외치는 것이다. '말도 안 돼! 내가 그렇게 되기를 원했다니!' 하나 니체는 그 방법만이, 그런 전환만이 자기를 구원하는 방법이라고 설명한다. 그렇게 함으로써 그는 비로소 원한의 과거와 작별하고 과거를 수정할 수 있게 된다. 그 과거는 내가 관여하여 그렇게 되기를 원했던 바로 그 과거다. 그러므로 지금 내가 여기 와 있다. 그 과거는 내가 원했던, 나의 힘 의지가 작용한 바로 그 과거라고 당당하게 외치고 과거에 대한 해석을 바꾸는 것, 그것만이 원한의 인간을 건강한 인간으로 변화시킬 수 있다.

6
불평 없이 살아보기

어느 병원의 중환자실에 두 명의 환자가 있었다. 둘은 다 같이 몸을 제대로 가눌 수 없는 중환자였으나 창가에 누운 환자는 가끔씩 치료를 위하여 일어나 앉을 수가 있었다. 옆의 환자가 창가의 환자에게 묻는다. 창밖에 무엇이 보이느냐고? 그때마다 창가의 환자는 친절하게 여러 이야기를 들려준다. 창밖에 보이는 아름다운 풍경과 호수 위를 헤엄치는 오리와 백조들, 그 호숫가를 산책하는 연인들의 이야기를 들려준다. 처음에는 이 사람의 친절함에 감사하던 환자는 차츰 왜저 사람만 창문 곁에 누워 있는 특권을 누려야 하는가, 그리고 자기가그 아름다운 광경을 보지 못하는 것이 저 사람 때문이라는 생각이 들면서 저 사람이 없어졌으면 좋겠다는 생각을 하게 된다.

그러던 어느 날 밤 창가의 환자가 심한 기침을 하고 숨을 가쁘게몰아쉬면서 응급 버튼을 부산하게 찾는 소리가 들린다. 옆의 환자는자신도 간호사 호출 버튼을 누를 수 있음에도 불구하고 그냥 모른 척하고 그 밤을 보낸다. 다음날 새벽 창가의 환자는 숨을 거두고 병원에서 그 시신을 옮겨나갔다. 그런데 이상하게도 그의 마음에는 안 됐다는 생각보다 잘됐구나 하는 생각이 든다.

병원에 요청하여 창가의 침대로 자리를 옮긴 환자는 사력을 다해 몸을 일으켜 창밖을 내다본다. 그리고 깜짝 놀란다. 창밖에는 회색 담벼락밖에는 아무것도 보이지 않았다. 환자는 그때서야 창가의 환자가 자기를 위하여 동화같이 아름다운 이야기를 만들어 들려주었음을 알고 깊이 후회하고 자책한다. 참으로 우리에게 여러 가지를 생각하게 해주는 이야기이다. 감사하는 마음과 불평하는 마음은 어쩌면 종이 한 장 차이일 수도 있다. 생각의 관점을 어떻게 갖느냐에 따라 감사하는 인생이 될 수도 있고 불평하는 인생이 될 수도 있다.

학교에서 집으로 돌아오는 길, 집에 도착하면 바로 방청소를 해야겠다고 생각했다. 딴에는 방청소를 말끔히 끝마치고 나면 뭔가 새롭게 시작하는 기분이 들 것 같아서였다. 마지막 보고서를 끝으로 이번 학기도 완전히 끝이 났다. 모두가 퇴근한 과사무실에서 한참을 있었다. 언제나처럼, 집으로 돌아오는 길에 생각하는 모든 생각들이 생각으로 그치고 마는 것처럼, 나는 방청소를 끝마치지 못하고 또 게으르게 시간을 보내고 자정을 넘겨버린다. 지금의 내 처지는 불평하기에 너무 사치스럽다. 나는 완벽한 것을 추구했던가? 완벽하게 게으르게 보낼 수 있는 시간, 완벽하게 집중할 수 있는 시간. 그러나 방청소도 끝마치지 못했단 말이다. 제발 나를 가만히 내버려뒀으면 좋겠다. 나를 가만히 내버려두지 않는 건, 나다. 내가 나를 흔드는 거다. 그러니까 불평할 처지가 아니다. 올바르게 행동하려는 건 아니다. 불평을 하고 있는 거다. 그래서 불평할 처지가 아니라고, 자꾸 되내이는 것이다.

이스라엘 백성이 출애굽 해서 가나안으로 향할 때다. 하나님은 이들에게 매일 '만나'라는 일용할 양식을 공급해 주었다. 굶주린 자들에게 만나는 '깟씨 같고도 희고 맛은 꿀 섞은 과자' 같았다. 그들은 감사히 먹었다. 그러나 불평할 때 똑같은 만나가 맛없는 식물로 보였고 '기름 섞은 과자 맛' 정도로 떨어졌다. 감사할 때는 꿀맛이던 만나가 불평하자 모래알 씹는 것처럼 텁텁하게 느껴졌다. 성경에 나오는 말씀이다. 불평의 결과를 암시하는 대목이다. '긍정적'이라는 말을 싫어하는 사람은 아무도 없을 것이다. 이 말에는, 밝음, 적극성, 좋은 태도, 미소 등등 온갖 종류의 미덕이 다 포함되어 있는 것 같다. '긍정적'의 반대말은 '부정적'이니, 이 단어를 좋아하는 사람도 거의 없을 것이다. '부정적'인 생각의 결과가 불평으로 나타난다.

짜증 요인을 감사 요인으로 바꾸라. '짜증 요인'은 안전에 대한 위협, 자신의 권리를 침해당했을 때 나타난다. 무언가 소중한 것을 빼앗겼을 때 나타나는 반응이다. 이럴 때 우리는 많은 고통과 박탈감을 경험하게 된다. 그럴 때 나타나는 반응이 짜증과 불평이다. 이 짜증과 불평을 감사로 바꾸면 된다. 감사는 감사를 낳고 불평은 불평을 낳는다. 우리가 감사하면 이는 계속해서 감사거리들을 끌어들이고 불평하면 계속해서 불평거리들을 끌어들이게 되기 때문이다.

"기름 값이 비싸다고 불평하는 것은 자동차를 가진 덕분이다. 출근시간 교통체증 때문에 화가 나는 것은 직장이 있기 때문이다. 사람은 울면서 태어났다. 불평하며 생활하다가 실망하며 죽는다. 사람들은 잘하는 일과 못하는 일이 있지만, 모두 다 잘하는 것은 불평이다."

불평이 없으면 긍정이라는 얘기다. 답답한 세상, 그래도 불평 없이 살아보자.

사람의 입에서 불평이 나오기 시작하면, 끝이 없이 이어지기 시작한다. 불평은 자신의 삶을 망칠 뿐만 아니라 자신과 함께하는 가정, 공동체를 무너뜨리고야 만다. 윌 보웬의《불평없이 살아보기》를 통해 불평이 완전 제로의 삶에 한 번 도전해보자. 세상을 살면서 좋은 일만 생길 리는 없다. 짜증나고 불평스러운 일이 생기더라도 불평을 하지 않고 살아보는 방법을 책에서 소개하고 있다.

"당신 마음에 들지 않는 것이 있다면 그것을 바꾸어라. 그것을 바꿀 수 없다면 당신 마음을 바꾸어라. 불평하지 마라."라고 마야 안젤루 사회운동가가 말했다.

《불평없이 살아보기》의 윌 보웬은 불평이 자신의 삶을 비참하게 만들어 버린 모습을 깨닫고, 불평 없이 살아보는 프로젝트를 시작하게 되었다. 불평 없이 살아보는 프로젝트의 4개의 의식단계가 있다.

1) 의식하지 못하고 불평하는 단계
2) 의식하면서 불평하는 단계
3) 의식하면서 불평하지 않는 단계
4) 의식하지 않아도 불평하지 않는 단계이다.

불평하지 않는 삶에 이르기 위해서 보라색 고무 밴드로 21일간 프로젝트를 제시한다. 한 쪽 손목에 찬 밴드를 불평을 할 때마다 반대쪽으로 옮기는 것이다.

아무 불평 없이, 전혀 불평하지 않고, 완전 불평 제로인 상태로 21일, 즉 504시간 동안 연속으로 불평하지 않고 지냈다는 뜻이다. 전혀 불평하지 않고 말이다. 아무 불평 없이, 전혀 불평하지 않고, 완전 불평 제로인 상태로 말이다. 불평에 관한 한 '가끔'이라는 단어는 '아주 자주는 아닌'을 뜻한다. 불평은 아주 가끔 해야 한다. 비판이나 험담은 전혀 하지 말아야 한다. 우리가 스스로에게 솔직해진다면, 사실 우리 인생에서 슬픔이나 고통, 불만의 표현인 불평을 정당화할 만한 사건들은 극히 드물 것이다.

우리가 하는 불평의 대부분은 그저 우리의 행복과 안녕에 방해되는 소음공해일 뿐이다. 당신 자신을 되돌아보라. 불평할 때 과연 그렇게 해야 할 심각한 원인이 있었는가? 당신이 너무 자주 불평하고 있는 것은 아닌가? 한 달 이상 불평하지 않고 지낸 적이 있는가? 불평 때문에 심기가 불편해지거나, 한 번의 불평으로 아내와 다투는 경우도 더러 있다. 심각하게 싸워놓고는 뒤돌아보면 무슨 일 때문에 싸웠는지, 불평했는지조차 기억도 못한다. 심각하게 싸울 거리가 아닌 아주 사소한 것이었다는 사실을 깨닫고는 부끄러움을 참지 못하는 경우가 많다. 불평은 상대방이 아닌 나에게 고통을 안겨주는 것이기 때문이다.

자신을 바꿀 수 있는 사람이 세상을 바꾼다. 자신을 바꾸는 것만큼 어려운 것도 없다. 다시 한 번 생각해보면 나를 바꾸는 것이 모든 것을 바꾸는 것이다. 우리는 마음에 들지 않는 것이 있다면 그것을 바꾸려고 노력한다. 모양을 바꾸고 내용을 달리하고 하던 일을 미루고 반대로 생각해보기도 한다. 그렇게 해도 바꾸기 어렵다면 우리는 우리의 마음을 바꾸면 되는데 그러기 전에 꼭 입에서 불평이 나온다. "이래서 안 돼. 여건이 좋지 않았어. 하필 그 순간에 다른 일이 생겼어. 저 사람 때문이야." 등의 불평을 시작한다. 의식하지 못하고 습관적으로 불평하고 있다면 그 불평에서 자유로워지자. 불평이 사라지면 고통이 줄어들고 건강도 좋아지고 인간관계가 개선되고 일도 잘 풀린다. 우리의 삶이 행복하고 즐거워질 수 있는 그 방법이다.

우리 입에서 나오는 불평, 비난, 험담에 대해 민감하게 의식하는 것이 목적이니 그대로 실천해보자. 이 과정을 계속하다보면 입에서 뿐만 아니라 생각 속에서조차 불평이 사라진다. 그러니 우리가 시도 안 할 이유는 없다. 많은 시간이나 돈이 드는 것도 아니고, 엄청난 노력이 요구되는 것도 아니다. 그냥 불평을 참아보기로 결심하고 열심히 하면 우리의 생각이 우리를 만든다. 즉 우리가 생각하는 것이 우리가 된다. 불평이 넘쳐나는 세상에서 불평 없이 살아보려 노력하는 사람들이 많아지게 된다.

완벽하고 훌륭한 존재의 입에서 불평이 아닌 감사의 고백이 나와야 한다. 똑같은 상황이라도 다른 시선으로 바꿀 수 있다. 불평의 시선이 아닌 감사의 시선으로 바꾸어 보자. 불평이 나오기 시작할 때, 다음 글귀를 읽어보자.

'문제' 대신 '기회'라고 하자.

'해야 한다' 대신 '하게 된다'라고 하자.

'좌절' 대신 '도전'이라 하사.

'적' 대신 '친구'라고 하자.

'괴롭히는 사람' 대신 '가르쳐주는 사람'이라고 하자.

'고통' 대신 '신호'라고 하자.

'요구하는' 대신 '감사하는'이라 하자.

'불평' 대신 '요청'이라 하자.

'고군분투' 대신 '여정'이라 하자.

"네가 이렇게 만들었잖아." 대신 "내가 그렇게 한 거야."라고 말해보자.

7
오늘 더 사랑해

"신화에 나오는 거인 아틀라스는 서구의 맨 끝에서 하늘을 떠받치고 있습니다. 그에게는 형벌과 같은 상황이시만 그로 인해 사람들은 하늘 아래 살아가고 있죠. 사람들은 아틀라스를 모르지만 그는 무심하게 버텨내고 있습니다. 선생은 아틀라스였습니다."라고 이국종 아주대병원 권역외상센터장은 말했다.

설 연휴 본인 집무실에서 심정지 상태로 발견된 고 윤한덕 국립중앙의료원 중앙응급의료센터장을 추모하기 위한 영결식이 엄수됐다. 이날 서울 중구 국립중앙의료원 연구동 9층 대강당에서 '국립중앙의료원장'으로 열린 영결식에는 유가족과 동료 의사, 시민 약 300여 명이 모여 윤 센터장의 마지막 길을 배웅했다.

윤한덕 센터장의 슬픈 말로를 두고 추모 물결이 이어졌다. 의료계에 헌신해온 고인의 생전 열정을 소회하는 동료들의 목소리도 잇따르고 있다. JTBC 〈뉴스룸〉에서는 이국종 아주대병원 권역외상센터장 인터뷰가 소개됐다. 이날 인터뷰에서 이 센터장은 윤한덕 센터장을 두고 "오래 봐온 분"이라며 "응급의료 분야를 정착시키기 위해 무리를 많이 하셨다."고 말했다.

특히 이국종 센터장은 숨진 채 발견된 윤한덕 센터장의 과로 여부에 대해서도 우회적으로 언급했다. 그는 "윤한덕 센터장 말고도 그렇게 일하는 분들이 많아져야 한국 사회가 더 발전할 수 있다고 본다."라고 생각을 밝혔다. 여기에 "어떤 조직이라도 중간관리자급 이상이 되면 책임감을 가져야 하기 때문"이라고 부연했다.

이국종 센터장 말처럼 윤한덕 센터장은 스스로의 책임감과 응급의료계에 대한 애정으로 스스로를 채찍질해온 것으로 보인다. 아무도 강제하지 않았지만 야근을 자처하며 헌신해온 고인에게서 숭고한 의료인의 면모가 엿보이는 건 그래서다. 선생님의 죽음을 애도하면서도 가슴이 먹먹해진다. 헌신이라는 이름으로 자기 자신을 혹사했기에 생긴 안타까운 죽음이다.

운동도 좀 적당하게 하고 먹는 것도 좀 모자라게 먹어야 한다. 과한 것은 부족함만 못하다. 우리의 근육도 과하게 쓰는 것은 좀 적게 쓰는 것만 못하고 먹는 것도 과하게 먹는 것은 무지 해롭다. 그러므로 좀 모자란다 싶을 때 그치면 좋다. 나이 50이 넘어서도 축구를 하다 보면 주력 하나는 남에게 지지 않는다는 사람들이 있다. 자랑하다 자기 몸 다 망친다. 나이 값을 해야지 나이는 속이지 못한다. 승부욕 때문에, 이기려고 하는 마음 때문에 과해도 과한 줄 모르고 지나간다.

당장 무슨 일이 일어나지는 않는다. 그러나 그것이 쌓이고 쌓이면 골병 되고 때로는 병 생겨서 죽음에 이르게 한다. 운동선수 중 오래 사는 사람이 드물다. 무슨 운동이든지 하다가 숨차면 심호흡하고 쉬어라. 앉든지 눕든지 편히 쉬어주라. 피로는 쌓이면 자신에게 손해다. 즉시 풀어버려야 한다. 등산도 마찬가지다. 산을 오르다 피곤하면 쉬어가든지 내려오든지 하라. 산꼭대기 정복한다고 무슨 대단한 일이 생기는 것도 아니고 오히려 몸만 망친다. 반드시 꼭대기를 정복해야 할 아무런 이유는 없다. 산을 즐기고 내 몸에 맞는 운동으로 나를 강하게 하는 것이 목적이지 산꼭대기 정복이 목적이 아니다. 특히 운동이나 등산을 할 때 몸의 소리는 특히 잘 듣도록 노력해야 한다.

운동이나 등산을 하고 기분이 좋아지면 우리의 대뇌에서는 엔돌핀이 분비된다. 기분이 좋은 위에 더 좋아지고 엔돌핀이라는 것이 본래 몰핀보다도 100배나 강한 마취제이다. 우리의 온몸을 마취하여 고통이나 아픔을 거의 느끼지 못하게 하여 자신 몸의 소리를 못 듣게 되는 경우가 있을 수 있다. 엔돌핀, 다이돌핀 등은 정말 무서운 이야기다. 우리 몸에 돌핀 분비와 함께 적당한 양의 아드레날린을 분비하여 균형 있고 조화로운 신체 상태를 유지하게끔 한다. 일부러 웃어서 엔돌핀의 분비를 촉진시키지 마라. 엔돌핀 역시 과하면 독약이다. 학습된 웃음으로 진실된 웃음으로 웃고 진실된 울음으로 울어라.

깔끔한 것을 좋아하고 무언가 규칙에 맞게 진행되지 않은 것을 참지 못하는 사람에게 자기 몸을 혹사하는 일이 잘 생긴다. 짜증이나 화를 자기도 모르게 내게 되고, 손발에 쥐가 잘 나고 소변 대변이 시원하지 않은 경우도 많다. 사람들은 자기 자신을 위해 많은 것들을 한다. 회사일도 빠듯한 시간에 무엇을 해야 할 시간의 짬을 낸다는 것은 쉽지 않다. 연습장 한번 가지 않다가 골프레슨에 등록하고 운동을 시작한다. 아침마다 매일 연습장에 들러서 연습을 한다. 사진기와 캠코더를 준비했기에 사진촬영 강좌를 수강한다. 잠시도 자신의 몸을 쉴 틈을 주지 않는다.

휴일에는 몸에 휴식을 주어야 한다. 일주일 동안 힘들었던 몸이 쉴 틈을 주어야 한다. 몸뿐만 아니라 마음과 정신도 쉬게 해주어야 한다. 가끔은 아무 생각 없이 멍 때리면서 정신에도 휴식을 주어야 한다. 책 쓴다는 이유로 하루도 쉬지 않고 출근하여 컴퓨터와 씨름을 한다. 눈은 눈대로 피곤해져서 계속 망가져만 간다. 나이 들면 함께 따라오는 것이 노안이다. 눈이 쉬 피로해지고 눈이 침침해져 간다. 언젠가는 책을 보고 싶어도 보지 못하게 되는 경우가 생길 수 있다. 그러기에 건강할 때 몸의 건강을 지켜야 한다. 강의를 위해서 목소리 관리하고, 몸이 허약해지면 안 된다. 젊은 친구들에게 나는 항상 그렇게 말한다. "너 자신이 귀하다는 것을 알고, 절대로 혹사시키지 말라"고 말이다. 정작 자신의 몸은 혹사시키고 있으면서 말이다.

오늘이란 말은 사람들에게 싱그러운 꽃처럼 풋풋하고도 생동감을 안겨준다. 마치 이른 아침 산책길에서 마시는 한모금의 시원한 샘물 같은 신선함이 있다. 사람들은 누구나 아침에 눈을 뜨면 새로운 오늘을 맞이하고 오늘 할 일을 머릿속에 떠올린다. 하루를 설계하는 사람의 모습은 한 송이의 꽃보다 더 아름답고 싱그럽다. 그 사람의 가슴엔 새로운 것에 대한 기대와 열망이 있기 때문이다. 반면에 그렇지 않은 사람은 오늘 또한 어제와 같고 내일 또한 오늘과 같다. 그런 삶에 있어느 오늘이 결코 생동감 있게 살아있는 시간이 될 수 없다. 이미 지나가버린 과거의 시간처럼 쓸쓸한 여운만 그림자처럼 따라다닐 뿐이다.

사람은 일생동안 책 세 권을 쓴다. 이 책 세 권에서 가장 중요한 것은 제2권 현재라는 책이다. 그것은 오늘을 어떻게 충실하게 살았느냐에 따라서 인생의 궤적이 완전히 달라지기 때문이다.

돈을 벌려면 투자를 해야 하는 것처럼 내일을 벌려면 오늘을 투자해야 한다. 과거는 수효가 지난 수표이고 약속일 뿐이다. 그러나 현재는 당장 사용이 가능한 현찰이다. 오늘은 이 땅 위에 남은 내 첫날이다. 오늘은 오늘 그 자체만으로도 아름다운 미래로 가는 길목이다. 그러므로 오늘이 아무리 고달프고 괴로운 일이 발목을 잡는다 해도 그 사슬에 매여 결코 주눅이 들어서는 안 된다. 그 사슬에서 벗어나려는 지혜와 용기가 필요하다. 미래에 희망이 보이고 현재에 만족하며 과거가 뿌듯한 사람이야말로 진정 행복한 사람이 아니겠는가? 오늘을 사랑하지 않는 사람에게는 밝은 내일이란 그림의 떡에 불과한 것이다. 항상 새로운 모습으로 오늘을 살아가야 한다. 누구에게나 공평하게 찾아오는 원칙이 바로 오늘이다. 시간은 가장 공정한 것으로서 지금까지 그 누구에게 한몫 더 주는 법이 없다. 시간은 부지런한 사람에게는 풍성한 과실을 남겨주지만 게으른 사람에게는 빈주머니만 남겨준다.

가장 평범하면서도 또 가장 귀중하고 가장 쉽게 후회하게 하는 것이 바로 시간이다. 사람은 태어나면서부터 죽음을 향해 간다. 당신이 시간을 잘 틀어쥐고 개척분투하지 않는다면 무지는 이끼처럼 당신 생명의 정원을 덮어버린다. 당신의 한 생애는 무의미한 탄식 속에서 지

내게 될 것이다. 세상의 변화는 초침에 맞추어지고 있다는 사실을 망각하지 말고 순간순간 최선을 다 해야 하는 것이다. 사람을 죽이는 것은 법적으로 다루는 일이지만 시간을 죽이는 일은 양심의 법으로 다루는 일이 될 것이다. 우리는 자주 이 양심을 외면한다. 그러기에 작은 것을 소홀하게, 작은 것은 아무렇게나 해도 상관없는 것으로 생각할 때가 많다. 작은 것을 사랑하지 않는 사람은 결국 큰 길로 가는 길을 놓치고 마는 것이다. 1초가 세상을 변화시킨다는 이치만 알아도 아름다운 인생을 볼 수 있다.

1년의 가치를 알고 싶다면 대학입시에서 떨어진 학생에게 물어보라. 한 달의 가치를 알고 싶다면 미숙아를 낳은 어머니를 찾아가라. 1분의 가치를 알고 싶다면 열차를 놓친 사람에게, 1초의 가치는 아찔한 사고를 순간적으로 피할 수 있었던 사람에게, 천분의 일초의 소중함은 아깝게 금메달을 놓친 육상선수에게 물어보라는 말이 있다.

우리가 가진 모든 순간순간을 소중히 여겨야 함을 일깨워주는 좋은 구절이다. 시간은 아무도 기다려주지 않는다. 오늘이야말로 당신에게 주어진 가장 소중한 선물이며 그래서 현재를 선물이라고 부른다. 오늘을 아끼자! 그리고 지금 당신을 사랑하라. 올지 안 올지도 모르는 미래를 위해 너무 자신을 혹사시키지 마라. 지금 현재 이곳에서 행복하여라. 그러기 위해서는 매일 매일 당신 자신을 더 많이 사랑하라.

chapter
3

어떻게 풀어야 하는가

1
서로 다르다는 사실

여름 내내 개미가 열심히 일하는 동안 베짱이는 노래만 불렀다. 개미는 '어쩌려고 저렇게 빈둥빈둥 놀기만 할까' 걱정도 됐지만 다른 한 편으론 두고 보자 하는 억한 심정도 없지 않았다. 겨울이 되자 먹을 것이 없어진 베짱이는 개미를 찾아가 도움을 청했다. 개미가 퉁명스레 물었다. "내가 죽도록 땀 흘려 일할 때 너는 대체 무얼 했는데? 너 같이 게으른 놈에겐 적선도 사치야!" 문전박대를 당한 베짱이는 지난 날을 후회하며 추위와 배고픔 속에 죽었다. 누구나 다 아는 개미와 베 짱이 이야기다.

어릴 적에 이 우화를 접했을 때, 성실한 개미와 게으른 베짱이의 대비가 뇌리에 박혔다. 일하지 않는 자, 먹지도 말아야 된다는 공포로 무의식에 자리 잡았다.

과연 개미는 부지런하고, 베짱이는 게으를까. 부지런히 일하는 것 만 미덕이고 노는 것은 악덕인가. 베짱이의 노래는 노는 것일까. 그래 서 베짱이도 개미처럼 살아야 옳을까. 아니다. 이는 애초 비교대상이 될 수 없는 두 개체를 기계적으로 단순 비교한 데부터 엇나갔다. 정체성이 서로 다른 개체를 한쪽의 잣대로만 비교하니 엉뚱하게도 우열과 정오로 나뉠 수밖에 없다. 게다가 사실의 왜곡도 적지 않다. 실제 일하는 개미는 전체의 20~30% 남짓밖에 안 된다. 주변을 살펴보면 다양한 주체들 간의 조화, 협동, 공존, 상생의 가치들은 무시되고 획일적 기준에 의한 배제와 차별이 난무한다. 다른 것에 대한 존중이 사라지고 있다. 개미와 베짱이, 현재와 미래, 일과 놀이는 각각 서로 대립하는 항수가 아니다. 오히려 상호의존적인 관계망을 형성하고 있는 것들이다. 누가 누구에게 속하고 어느 게 우선하고 나중이 되든, 더군다나 옳고 그름, 우열로 가름되는 것들이 아니라는 것이다.

미국 캘리포니아주 페블비치의 베블비치 골프링크스에서 PGA대회가 열리고 있다. 미국의 유명한 골프선수인 필 미켈슨이 –12타로 2위를 유지한 채 3라운드를 마쳤다. 필 미켈슨은 키가 191cm, 체중은 91kg의 거구다. 그는 'U.S.오픈 골프대회', '마스터스 골프대회', 영국의 '디오픈 골프대회'와 미국의 'PGA 챔피언십' 등 4개의 메이저 골프대회와 PGA투어에서 40회나 우승했다. 유러피언 골프투어도 7번을 우승해서 '골프 명예의 전당'에 이름을 올린 전설적인 골프선수다. 그는 미국 골프협회PGA 소속의 수많은 골프선수 들 중에서 보기 힘든 왼손잡이 현역 골프선수란 명성이 있다.

우리나라 야구선수 중에는 미국 메이저리그의 텍사스레인저의 좌타자 추신수 선수가 맹활약 중이다. '라이온 킹'이란 별명의 이승엽 선수와 일본 야구계의 전설인 장훈 선수와 백인천 선수가 왼손잡이 좌타자로 유명하다. '야구의 신'이란 별명의 김성근 전감독도 왼손잡이며, 허재 국가대표 농구감독도 왼손잡이다. 다른 구기 종목에서도 왼손잡이 선수들을 찾아볼 수 있다. 한화의 이용규 선수와 넥센의 서건창 선수도 왼손잡이다.

세계적 유명인사들 중에는 왼손잡이가 많다. 왼손잡이는 천재이거나 예술가일 확률이 높다는 속설이 맞아서인지 알렉산더 대왕, 만유인력의 뉴턴, 이론물리학자 아인슈타인, 천재 건축가이자 화가인 레오나르도 다빈치가 왼손잡이다. 조각가이며 화가, 건축가인 미켈란젤로와 화가 피카소, 대문호인 괴테, 시인 하이네, 철학자 니체, 동화작가 안데르센, 작곡가 베토벤, 작곡가 슈만, 희극인 찰리 채플린도 왼손잡이 예술가다.

이러한 것을 '다름'과 '틀림'이란 두 가지 관점에서 바라보자. 술을 좋아하는 사람에게 길을 물으면 "저쪽 코너에 호프집이 있다. 거기서 오른쪽으로 돌면 막걸리집이 보이며 그 곳에서 직진하라"고 가르쳐준다. 목사에게 길을 물으면 "저기 교회 보이죠? 그 교회를 지나서 100m쯤 가면 2층에 교회가 보여요. 그 교회에서 오른쪽으로 가라"고 일러준다. 뭇 사람들에게 '+'가 그려진 카드를 보여주면 수학자는 '덧셈'이라 하고, 산부인과 의사는 '배꼽'이라 한다. 목사는 '십자가'라고 하며 교통경찰은 '사거리', 간호사는 '적십자', 약사는 '녹십자'라고 대답한다. 사람들은 자기가 서있는 입장이나 자신의 직업의식으로 바라보고 생각하기 때문이다. 자신과 달리 생긴 사람은 '틀린' 게 아니라 자신과 조금 '다를' 뿐이다.

보통 사람들과 다른 사람은 '비판의 대상'이 아니라 '이해의 대상' 이다. 신체가 불편한 장애우를 대할 적에도 '틀림의 대상'이 아닌 '다름의 대상'으로 인식하고 배려함이 바람직하다.

오른손잡이의 선입견과 편견 속에서 왼손잡이가 얼마나 힘들고 어려운지를 역지사지로 생각하자. 오른손잡이가 왼손잡이를 보는 시각을 '비판의 대상'이 아니라 '이해의 대상'이란 관점에서 바라보자. 소수자를 위해 감싸고 배려하는 사회가 진정한 선진국이다. 강가에서 또는 야생화 핀 들판에서 머리를 숙여 다리 가랑이 사이로 대자연을 거꾸로 바라보라. '틀림'과 '다름'을 스스로 알게 될 것이다. 인간과 사물에 대한 생각을 바꾸는 훌륭한 학습법이다.

우리는 '다름'과 '틀림'을 너무 흔하게 혼용하고 있다. '다르다'고 표현해야 될 상황에서 '틀렸다'고 표현한다. 국립국어원의 표준국어대사전의 정의를 보면, 다르다는 '비교가 되는 두 대상이 서로 같지 아니하다'이고, 틀리다는 '셈이나 사실 따위가 그르게 되거나 어긋나다. 바라거나 하려는 일이 순조롭게 되지 못하다'로 되어 있다. 틀리다는 단어에는 차이를 나타내는 의미가 없다. 의미만 통하면 되지 뭐 그렇게 까지 해야 하나 하는 반응도 있겠지만, 전혀 다른 의미의 단어이고 이 잘못된 사용으로 인해 많은 사람의 행동과 생활이 바뀌는 것이다.

"너와 내가 다르다"는 서로를 인정해 주는 것이고, "너는 틀렸다"라고 하면 나는 100% 옳고 당신은 100% 잘못됐다는 것이다. 하지만 세상살이에 어찌 100% 옳고, 100% 틀린 것이 있을까. 언제부터

인가 '다르다'는 단어를 많이 사용하고 있다. 아니 의식적으로 '틀리다'는 단어를 사용하지 않으려고 노력한다. 개인적 경험으로 인해 '틀리다'보다 '다르다'는 단어를 사용하는 것이 세상을 바라보기에 더 편해졌기 때문이다. 그 단어를 사용하는 것은 '다르다'에는 나와 당신이 주고받을 무언가가 있다는 것을 이야기하고 싶기 때문인지도 모르겠다. 나는 옳고 당신이 틀렸다면 서로 주고받을 게 없지만 서로 다르다고 하면 여러 가지를 주고받고 어려운 문제도 잘 풀릴 수 있다고 생각하기 때문이다.

옳고 그름이나, 무엇인가 협상에 대한 판단을 할 때는 49 대 51의 원리를 떠올린다. 목표를 이루기 위해서는 상대방의 마음 100%가 필요한 것이 아니라, 동료나 조직 내의 동의가 필요한 것이므로 내가 2개를 받거나 내가 2개를 주면 일이 해결된다. 하지만 세상을 살다보면 종종 상대방에게 모든 것을 달라고 하는 경우가 있다. 이렇게 되면 그 어떤 대화나 협상은 이뤄질 수 없다.

다름을 인정하기 위해서는 어렵지만 한 번은 거쳐야 할 과정이 있다. 그것은 대화이다. 자신과 그의 의견이 다르다는 것을 어찌 눈빛만 보고 알 수 있겠는가? 목표는 같지만 과정이 다를 수 있고, 과정은 비슷하지만 목표가 다른 경우도 있다. 암묵적인 동의만으로는 문제가 해결되지 않는다. 서로 대화하지 않으면 상대의 의도를 알기가 어렵다. 하지만 우리는 토론문화가 성숙되지 않아 10분만 이야기하다 보면 의견 절충이 아니라 싸움이 되고 만다. 의견을 조율하기 위해 대화를 시작한 것이 아니라 일방적으로 내가 옳음을, 당신이 틀렸음을 증명하기 위한 것이었기 때문이다. 잠시만 그 사람 주장의 이유를 들어보자. 그러면 자신이 그에게 무엇을 더 주고, 자신이 무엇을 받을지 알게 된다.

다른 사람들과의 의견을 조율하는 경험을 여러 차례 하게 된 후 얻게 된 교훈이 있다. 그것은 여러 사람의 다른 의견이 가지고 있는 힘이다. 조율하기까지 각자의 노력과 많은 시간이 필요하겠지만 서로 동의하는 순간 크고 멋진 일들이 일어난다. 현재 우리 사회가 인정해야 하는 다름의 시선이다. 한국인과 외국인 이민자, 노인과 젊은이, 역사에 대한 시각, 부모와 자식, 나와 동료 등. 다름을 인정해야만 해결될 수 있는 문제를 갖고 있는 것들이다. 우리의 말과 언어에서 틀림보다 다름이라는 단어가 훨씬 많이 사용된다면 우리의 행동에서도 변화가 생기게 될 것이다.

차이는 다름일 뿐이다. 획일적인 사고에 익숙해진 우리는 차이를 이유로 차별한다. '다름'을 '틀림'으로 간주한다. 틀림을 피하기 위해 편을 짜고, 같은 편끼리는 생각도 행동도 같이 해야 한다고 여긴다. 다르면 바로 퇴출당하거나 왕따를 당하니 함부로 차이를 드러낼 수 없다. 차이는 약한 자에게 차별의 근거가 되지만, 강한 자에게는 우월성을 드러내는 증표가 된다.

인간관계에 있어 독립적인 태도와 자기능력으로 해결해나가려는 사람과 상대방과의 상호의존적인 태도로 소통하고 함께 해결해나가려는 사람이 있다. 두 종류 모두 장단점이 있다. 스스로 해결할 능력이 있어도 상대방에게 조언과 도움을 받는다면 분명 상대방은 문제해결에 조력자가 되었다는 자부심을 갖게 된다. 10명이 모이면 10개의 시선이 있고, 100명이 모이면 100개의 시선이 있다. '다름' 그 단어에는 나와 다른 너를 서로 존중하고 배려하는 의미가 있다.

행복한 관계를 만들어가기 위해서는 서로가 다르다는 것을 인정해야 한다. 행복한 관계는 가족과 같이 진심으로 나와 함께 웃고 울며 같이 해주는 사람들의 관계이다. 그 가족마저도 서로가 다르다. 행복도, 불행도 내 탓이다. 우리는 틀리다가 아니라 서로가 다르다는 것을 인식하면 행복해질 수 있다.

2
내 안을 들여다보는 습관

새해가 되면 사람들은 각오를 다진다. 많은 이가 새해에는 나쁜 습관을 없애기로 다짐했을 것이다. 흡연자들은 금연을, 애주가들은 금주를, 비만한 사람들은 다이어트를 다짐하였을 것이다. 게임에 빠진 아들과 스마트폰에 매달려 있는 딸을 둔 부모님들은 자녀들에게 게임 중독, 스마트폰 중독에서 벗어날 것을 호소하였을 것이다. 새해는 나쁜 습관을 없애기 위한 첫 단추를 끼우는 절호의 시기일 수 있다.

나쁜 습관의 범주를 넘어선 중독은 개인과 가족의 범주를 넘어서 우리 사회 깊숙이 병리적인 현상으로 자리 잡은 듯하다. 최근의 중독과 관련된 국책사업 보고서나 국가 통계를 보면, 우리 국민 8명 중 1명이 4대 중독자인 중독사회라는 것이다. 4대 중독은 알코올, 마약, 도박, 인터넷 중독을 말한다. 중독의 폐해는 가늠하기 힘들 정도다. 몇 년 전 정부 자료를 보면 4대 중독의 사회적 비용은 100조 원 이상으로 추산된다. 또 사회적 이슈가 되었던 흉악범죄는 중독 문제와 관련된 경우가 많았다.

더 큰 문제는 우리나라 미래를 짊어져야 할 청소년 열 명 중 한 명이 인터넷 중독이고, 청소년 음주 또한 매년 증가추세이며, 도박 경험도도 높다는 것이다. 이로 인해 청소년들의 정신적·육체적 건강이 심각하게 위협받고 있다. 중독은 우리 사회 구조적인 문제에서 비롯된 산물이기도 하기에, 중독에 빠진 이들은 실제로 본인이 중독에서 벗어나야 하는 대상자임을 인지하지 못하는 경우도 있다. 중독을 개인과 가족의 문제로 내몰기에 앞서 국가 차원에서 중독자를 적극적으로 선별하기 위한 개입체계가 갖추어져야 하겠고 중독자들에게 실질적인 치료와 재활이 이루어질 수 있도록 책임 있는 정책이 이루어져야 할 때이다.

입 밖으로 꺼낸 말과 실제 행동이 다르다면 그것은 분명 사람답지 못한 행동이다. 습관처럼 내뱉는 말은 때로는 사람을 살리기도 하며, 때로는 사람을 죽이기도 한다. 사람의 입에서 던지는 말과 행동이 때로는 사람을 기분 좋게 만들기도 하지만 이와 반대로 사람을 바닥으로 떨어뜨려 죽이기도 하는 칼과 같다. 우리 모두는 칼 하나씩을 몸에 숨겨 지니고 있다. 평상시 자신의 입에서 나오는 단어와 말들은 어떤지 한번쯤 생각해본 적이 있는가. 자신의 습관은 또 어떠한가.

미국의 어느 해군장교는 아침에 일어나서 자고 일어난 이불부터 정리정돈하는 습관을 강조했다. 이것은 아주 작고 사소한 뿌듯함으로부터 시작되는 만족감과 성취감으로 아침을 시작하라는 뜻이며, 제군들에게 습관을 일깨워준 말이다.

회사의 CEO인 지인은 습관처럼 2가지의 말로 사람을 기분 좋게 만든다. 하나는 "고맙습니다." 또 하나는 "관대해지세요!"라는 말을 자주한다. 우리는 늘 바쁘게 살아가고 있다. 상대방에게 고마워도 고맙다는 말 한마디 하지 못한 채 지나가기 일쑤이다. 심지어 관대함이라는 것은 찾아보기 어려울 정도다. "고맙습니다."라는 말은 배려에 대한 감사를 보이는 일이며, 사려 깊은 생각에 대한 인정이다. 즉, 진심이 묻어나는 예의이자 CEO가 보여줄 수 있는 최고의 모습이다. 본인을 낮추는 겸손한 표현이 아닐 수 없다. "고맙습니다."라는 말을 자주 하며 생활한다. 때로는 진짜 고마운 것인가. 단순한 인사말이라는 생각이 들기도 하지만 자주 듣다 보면 정말 고맙게 해야겠다는 마음이 발동된다. 실로 마법과 같은 말이다.

CEO는 조직의 모든 구성원을 품어야 한다. CEO는 쉽게 감정을 표출해서도 아니 될 것이다. 그래서 더욱 관대함이 작동되어야 할 것이다. 사람은 감정이 흔들리게 되면 쉽게 분노 조절이 안 되기도 한다. 세일즈나 사람을 자주 만나는 직업이라면 경험을 해봤을 것이다. 상대방에게 칭찬하기는 어려우나 상처 주기 아주 쉬운 세상이다. 얼굴을 보며 직접 말로도, 세상이 발달하여 글과 메시지로 충분히 그럴 수 있는 환경에 살고 있다. 그래서 우리는 습관적인 훈련이 필요하다. 뇌를 자극할 만한 긍정적인 단어와 간결한 문장으로 나를 먼저 동기 부여시키는 동시에 그것을 자주 만나는 사람들에게 진심이 묻어나는 말로써 전달하는 것이다.

리더십은 습관적인 말과 생각과 그것을 매일매일 자신의 입에서 버릇처럼 나오는 훈련으로 완성될 수 있다고 믿는다. 주위를 살펴보면 소위 존경받는 CEO들은 말과 행동이 다르지 않는 것을 알 수 있다. 그들의 입에서 나오는 말에는 힘이 실려 있으며, 사람을 일으켜 세우고, 때로는 좌절을 극복하게 할 수 있게 용기를 불어넣어주는 말을 한다. 돈으로 환산할 수 없는 큰 영향력을 단순한 말과 단어로 삶의 에너지를 주고 있는 것을 찾아볼 수 있는 것이다.

리더십의 출발은 "고맙습니다."가 아닐까?

인류 최초의 거울은 무엇이었을까. 거울이 없던 시절엔 계곡물이나 호수가 거울 용도로 쓰였을 것이다. 이후 우연히 반사의 원리를 알아낸 인류는 청동기 시대 본격적으로 거울을 생산하기 시작했다. 이때부터 인간은 외모에 관심을 갖게 됨과 동시에 자기 자신을 바라보는 시선을 발견하게 된다. 외면을 바라보기 위해 거울이 필요하다면, 내면을 보기 위해서는 영혼과 대화할 수 있어야 한다. 즉 내면을 보는 거울은 명상을 통한 영혼과의 대화인 셈이다. 하지만 이는 쉬운 일이 아니다. 오직 자신에게 겸허한 자만이 내면의 거울로 영혼과 만난다. 여기서 겸허란 겸손과는 또 다른 차원의 말이다.

겸손은 남에게 대하는 태도이고, 겸허는 자신에게 대하는 태도다. 한 마디로 남에게는 겸손해야 하고 나 자신에게는 겸허해야 한다. 가정에서의 겸손과 겸허함이 있고, 사회에서의 겸손과 겸허가 따로 있다. 만약 개인이 겸손과 겸허를 혼동해 망각한다면 조직도 무너지게 된다. 겸손은 남에게 대하는 태도이기 때문에 상당 부분 가식적으로 전락하기도 한다. 처음에는 남을 위해 헌신 봉사할 것 같았던 사람도 높은 위치에 올라서면 어느새 제왕적인 얼굴로 굳어버린다. 그때 우리는 가식으로 변한 겸손에 실망을 느낀다. 만약 겸손했던 사람이 제왕처럼 군림한다면 그는 애초에 겸허 없는 겸손의 소유자였던 것이다.

반면 겸허는 겸손과는 달리 가식 없이 자신의 관점을 그대로 받아들인다. 겸허야말로 자기 철학이라고 말할 수 있다. 자기 자신을 비춰볼 줄 아는 내면의 거울을 품고 사는 사람은 똑같은 말을 해도 가식적인 겸손과는 차원이 다른 깊은 울림과 치열한 성찰이 있다. 겸허란 쉽게 감이 잡히지 않는 덕목이나 영혼과의 끊임없는 대화로 성장시킬 수 있다. 아무리 운이 강한 사람이라도 가식적인 겸손을 떨면 보호령마저 떠나기 마련이다. 특히 높은 지위에 오르거나 많은 부를 갖게 된 자라면 항상 자신을 겸허하게 받아들일 줄 알아야 한다. 그런 태도가 없다면 조직이 깨질 것이요, 이는 곧 자기 운도 끝났음을 예고한다. 항상 겸허한 자는 자신을 비추는 내면의 거울이 될 뿐 아니라 때로는 남을 비추는 거울이 된다.

우리는 건강하게 오래 살고 싶은 꿈을 가지고 있다. 이런 꿈은 그냥 주어지는 축복이 아니라 사는 동안 자신의 노력을 통해 성취하여야 하는 노력의 결실이다. 이러한 행동들을 건강한 생활습관이라고 하며 대표적으로 금연, 절주, 건강한 식습관 및 신체활동이 있다. 이들 중 가장 실천하기 어려운 것이 바로 절주이다. 절주는 과음으로 인한 건강을 해치는 것의 예방과 과음으로 인한 업무시간 손실에서 벗어날 수 있기 때문이다.

절주가 어려운 이유는 우리 사회에서는 마셔야 할 주량과 심지어 선호하는 주종조차도 본인이 결정하기 어렵기 때문이다. 회식에서 음주를 할 경우, 마셔야 할 술은 대체로 이미 정해져 있다. 소주나 맥주 아니면 이것을 섞은 술 등이다. 마셔야 할 주량은 그것도 마시는 사람이 정하기 어렵다. 음주 회식 빈도도 다른 사람이 정한다. 결국 자신이 마시는 술의 종류와 양과 빈도를 자신이 아닌 남이 다 결정해주는 셈이니 절주를 실천하기 어렵다. 절주를 잘 실천하지 못하면 우리는 건강하게 오래 살 수 있는 기회를 잃게 될 수도 있다.

자신이 가지고 있는 습관이 어떤 것이 있나 들여다봐야 한다. 자신이 알지 못하는 나쁜 습관이 있지는 않나? 스스로는 좋은 습관이라 생각하는데 그렇지 않은 것은 없는가? 파악된 나쁜 습관은 고쳐나가면 된다. 나쁜 습관을 고치기 위해 제일 먼저 할 일은 자신이 지금 무슨 불필요한 반복행동을 하고 있는지 찾아내는 일이다. 자신 스스로 느끼지 못하는 부분이 있다면 주변의 가족이나 지인들의 도움을 받아 문제를 인식하는 것이 필요하다. 그리고 반복행동을 시작하게 만드는 신호와 이로 인해 얻게 되는 보상을 파악하고, 쉽고 구체적 계획을 세워 새로운 좋은 습관이 정착할 때까지 규칙적인 활동을 해야 한다.

습관을 바꾸는 것은 매우 어려운 작업이다. 하지만 후회하면서 똑같은 일을 반복하던 행동을 하지 않고 마음에서 원하던 습관이 만들어진다면 삶의 많은 부분이 저절로 바뀌게 될 것이다. 올 한 해, 한 가지라도 나쁜 습관을 고치는 데 성공하기를 기대해 본다.

3
사고의 유연성

광고카피에도 역발상의 아이디어가 번뜩이는 경우가 많다. 볼보 북아메리카 지사의 광고 '찌그러진 자동차' 편을 보면 앞뒤 범퍼가 심하게 파손된 자동차 그림이 그렇다. 자동차 광고에서 평소에 볼 수 없었던 장면이다. 자동차 광고에서 보통 반짝반짝 빛나는 새 차를 보여준다. 이 광고에서는 관행과는 달리 대형 사고를 당해 찌그러져버린 자동차를 보여주었다. 볼보가 이토록 약한 차였나? 이런 생각이 들게 한다. 하지만 "우리는 이처럼 생각하며 모든 볼보를 설계합니다."라는 헤드라인이 눈길을 사로잡는다. 헤드라인에 있는 '이처럼'은 사고 나는 순간을 가리키는 게 분명하다. 사고로 형편없이 찌그러져버린 자동차 그림과 헤드라인이 어울리며 '안전' 메시지를 전달하기에 충분하다. 보디 카피에서는 더 안전한 차를 만들기 위해 볼보가 자동차 설계를 어떻게 하는지를 상세히 설명하고 있다.

이 광고는 볼보가 북미 시장의 유통망을 확대하던 기간에 있었다. 볼보는 2010년에 중국의 자동차 제조업체 지리그룹에 매각되었고,

2012년부터 '당신께 맞춘 디자인'이라는 새로운 슬로건으로 인간 중심의 디자인을 강조하고 있다. 이 광고를 본 소비자들은 볼보에 대해 어떤 인상을 가지게 될까? 부정적 접근을 싫어하는 경영인들처럼 볼보가 사고에 약한 차라고 생각할까? 아니면 큰 사고를 당하고도 차 안은 멀쩡하니 정말 안전한 차라며 안전을 더 신뢰할까? 여러 조사 결과를 종합하면 볼보가 더 안전한 차라는 인식을 확산하는데 이 광고가 크게 기여했다는 것을 알 수 있다.

광고를 만든 사람들은 자동차 광고의 보편적 접근 방법에서 탈피했다. 소비자들에게 대조에 의해 선택하도록 유도했다. 대조란 습관적으로 인식하는 일반적인 조건에 변화를 줌으로써 사람들이 대상을 지각하게 한다는 소비자 심리학 용어다. 우리는 기존의 생각에서 탈피하기가 쉽지 않다. 이 광고에서 보여주는 메시지와 그림이 사고의 유연성을 통한 선택을 요구하는 것이다.

지난해 국무회의에서 결정된 예비타당성조사에서 면제된 23개 사업 중 남부내륙철도와 울산외곽순환도로, 서남해관광도로 등 7개 사업은 이미 예비타당성조사를 받은 적이 있지만 경제성과 정책성, 지역균형발전 등 평가에서 낙제점을 받았다. 대통령의 측근인 경남지사가 공약한 남부내륙철도사업이다. 이 사업은 전임 지사 때 예비타당성조사에서 탈락했다가 이번에 살아나는 특혜를 받았다. 전 정부에서 낙제점을 받은 사업까지 다시 신청을 받아 예타를 면제했다. 입학시험에서 떨어진 학생을 뒷문으로 입학시키는 것과 다를 바 없다. 그만큼 경제성이 떨어지고 예산낭비의 소지가 크다는 지적이다. 물론 모든 정책적 사업을 예타에만 의존할 수는 없다. 예타에서 경제성만 강조하면 사람이 많이 사는 수도권의 개발에만 집중되기에 보완은 필요하다. 하지만 완전히 예타를 면제한다는 것은 자신들의 공약실행에 의한 결정이다. 4대강 사업의 사업타당성에 대해 잘못되었다고 질타하고, 지역주민들의 반대에도 제거하기로 결정까지 했다. 하지만 자신들의 공약사항은 눈 깜짝하지 않고 국무회의를 통과시켰다. 이번 예타 면제가 논란을 일으키는 이유는 중복, 과잉 투자에 따른 예산낭비 우려 때문이다. 정부도 예산낭비의 소지가 클뿐더러 준공 이후에도 유지 관리 등 적자가 누적될 위험이 높다는 사실을 인식하고 있다. 다만 주요 정책 결정자들의 우선순위에 경제적 성과와 미래 성장 가능성 보다 정치적 득실 계산에 의한 편협함이 문제다.

지역균형발전이라는 명분을 내세워 지역숙원 사업을 실시하면 우선 지역민심이 돌아올 것으로 기대하는 것 같다. 막대한 예산이 들고 적자가 우려되는 사업이라 해도 계산은 그다음의 일이다. 언론이 들고 일어나 비난 여론이 대두할 소지도 있지만 해당 지역 주민들에게는 오히려 현 정부의 결단을 부각시키는 확성기가 될 뿐이다. 이번 사업으로 곳곳에 들어설 공항과 철도, 도로가 정부와 여당 치적을 추켜세우는 송덕비로 보이는 효과도 기대함 직하다. 아무래도 경제는 뒷전이다. 경제를 살리려면 중단된 원전 건설부터 재검토해야 한다. 세금을 줄여 민간 투자와 소비를 진작시키는 선순환을 일으켜야 한다. 정부가 이를 알면서도 외면하는 자신들의 불합리한 논리에 매몰되어 유연성을 갖지 못함이 원인이다.

제일 큰 문제는 사고의 편협성이다. 자신은 옳고 상대방은 무조건 틀렸다는 식의 사고가 문제다. 이로 인해 자신과 다른 생각을 가진 사람은 무조건 적대시하는 것이 크나큰 문제다. 자연사실을 있는 그대로 보고 인위적인 것을 배격하는 도가의 사상가 장자는 인간 그 누가 답을 내려도 그 어떠한 것도 정답이 아니라고 했다. 사람은 어떤 교육을 받았느냐와 처한 환경, 선천적으로 타고난 뇌구조 등에 따라 사고의 패턴이 달라진다. 그래서 그 어느 누구의 사고도 완벽하다고 할 수 없고 정답도 아니다. 그러니 제각각의 사람들이 함께 사는 사회에서 하나의 답만을 낸다는 것이 얼마나 힘든 일이겠는가? 서로 다른 생각들이 결합되려면 시간은 다소 걸릴지라도 끊임없는 대화와 토론을 통해서 타협해야 한다. 정답을 찾는 것이 아니라 그 상황에 맞는 가장 근사한 답을 구하는 수밖에 없다. 이마저도 정답은 아니라는 것은 알아야 한다. 인간의 사고는 완벽하지 않기 때문이다.

완전하지 않은 사고지만 올바른 사고를 하고 타인의 생각을 이해하기 위해서 공부가 필요하다. 이 세상에 나와 있는 모든 것들은 인간에게 다 필요한 것이다. 시간과 역량이 된다면 모두 다 배워야 한다고 생각한다. 바다가 깊은 것은 넓기 때문이다. 우리의 사고도 사고의 폭이 넓을 때 동시에 깊어질 수 있다. 한쪽으로 치우치고 작은 것에 집착한 사고는 전체를 통찰할 수 없게 한다. 학습과 배움을 통해서 정신 의식이 발달되면 다르게 보였던 것들이 하나의 같은 것으로 보이게 된다. 깊이를 더하며 나무보다는 숲을 볼 수 있게 된다. 우리의 눈과 귀는 두 개이지만 입이 하나이다. 이것은 서로 다른 것을 다양하게 보고 듣고 입으로는 그것들을 통합해 말을 하라는 뜻이 담겨져 있다. 자신의 주장만 믿기보다는 상반된 시각을 수용하고 통합하려는 노력과 사고의 유연성이 필요하다.

다음은 이원복 덕성여대 총장의 말이다. 제4차 산업혁명 시대의 특징은 미래가 '초미지超未知'의 세계라고 한다. 당장 10년 앞을 내다볼 수 없는 것이 오늘의 현실이다. 때문에 큰 밑그림을 그려 교육해야 하는데 분명한 점 하나는 과거의 패러다임에서 완전히 해방돼야 한다는 것이다. 즉 기존의 질서와 법칙은 언제나 깨질 수밖에 없으며 이에 유연하게 대처할 수 있는 능력을 갖춘 인재를 키워야 한다. 이를 위해서는 사고의 유연성, 개방성, 자율성, 능동성이 필요하다. 또한 자신과 남의 세계에 서로 관여하지 않으면서도 사회와 국가라는 공통의 지붕으로 연결된 병립 사고가 필수적이다.

미래 사회가 필요로 하는 인재는 '시대 상황을 정확하게 읽을 수 있는 인재'라고 생각한다. 숲에서 나무를 보는 것이 아니라 하늘에서 숲을 볼 수 있는 통찰력을 가진 인재가 필요하다. 다방면에 고른 전문 기초지식을 갖추고 유연·병립적인 사고를 가진 인재를 육성해야 할 것이다. 4차 산업혁명뿐 아니라 시대의 변화에 맞춰 교육을 혁신해야 한다고 믿고 추진해야 한다. 과거의 교양교육 과정은 인문학을 중심으로 한 인성교육과 '교양인 양성'에 주안점을 뒀다. 하지만 미래 사회에는 전혀 다른 차원의 교양교육이 필요하다. 인성교육 못지않게 타 전공에 대한 기본지식을 갖추지 못하면 격변하는 학문 분야의 부침에 부응하지 못하게 될 수 있다.

책 읽기는 정서적으로 메마른 심성에 오아시스와 같은 존재이다. 자칫 경직되거나 편향되기 쉬운 우리의 사고에 소금으로 간을 맞추듯 균형감을 잃지 않게끔 한다. 21세기를 살고 있는 우리는 인터넷과 각종 정보매체의 발달로 간단한 컴퓨터의 조작만으로도 세계 곳곳의 정보나 일어나고 있는 일들을 알 수가 있다. 우리는 원하는 정보만을 골라서 손쉽게 찾을 수 있는 글로벌 정보네트워크 사회에 살고 있다.

이러한 편리함 때문에 많은 남녀노소가 정보획득을 위해 책보다는 인터넷을 이용하고 있다. 하지만 일각에서는 인터넷 정보가 책보다는 신빙성과 보존성이 떨어진다. 효율성 차원에서도 우수하지 못하다는 문제 제기를 하고 있다. 인터넷 정보의 홍보 속에서도 지식의 보고인 책의 중요성을 다시금 강조하지 않을 수 없기 때문이라 여겨진다.

우리나라는 책을 한 달에 한 권 이상 읽고 있는 사람이 아주 드물다고 한다. 대부분의 사람들이 한 달에 한 권도 읽지 못한다는데, 사실 그런 사람들은 1년에 한 권의 책도 못 읽는다는 것과 같은 소리다. 맹자가 말했다. "시간이 없어서 책을 읽지 못하는 사람은 시간이 있어도 여전히 책을 읽지 못한다." 맞는 말이다. 바쁘다는 것은 핑계일 뿐이다. 실제로는 업무성과도 탁월하고 정말 바쁠 것 같은 사람들이 책을 한 권이라도 더 읽는다. 바빠서 시간이 없다는 핑계로 방치하고 책을 읽지 않는 것이 용서가 되는 후순위의 과제가 아니다. 정작 자기 그릇을 키우려는 노력은 하지 않으면서 그 그릇에 담을 빵만을 욕심내는 몰염치한 사람이 되지 말아야 한다. 입춘이 지나고 우수가 가까워졌다. 봄과 더불어 책읽기 좋은 계절이 오고 있는 것이다. 마음의 문을 열고 책과 가까워지는 습관을 늦었다고 탓하지 말고 지금부터 길러보면 어떨까? 미래가 요구하는 인재가 되도록 사고의 깊이와 폭을 넓혀서 유연성을 확보해 나가자.

4
판단하지 말고 지켜보기

어느 대학의 졸업식장에서 학생들이 차례로 졸업장을 받고 있었다. 순서가 진행되는 것을 바라보는 한 축하객에게 눈에 띄는 장면이 있었다. 어느 학생이 한 손을 호주머니에 넣고 한손으로 졸업장을 받고 총장에게 악수도 받지 않고 지나가는 것이었다. 축하객은 '세상이 많이 변했군, 저렇게 건방진 학생도 있으니, 한손으로 졸업장을 받다니 이 학교는 4년 동안 무엇을 가르쳤단 말인가?'라고 중얼거렸다. 그러자 옆에 있는 한 재학생이 말했다. "그게 아닙니다. 저 분은 한 팔을 잃고 대신 의수를 하고 4년 동안 훌륭하게 학교를 다닌 학생입니다." 그러자 보이는 대로 비난했던 축하객은 얼굴을 붉히며 함부로 말을 한 것을 부끄러워했다고 한다.

미국의 어떤 마을의 제빵업자가 가까운 농장에서 버터를 사오곤 했는데 버터의 크기가 점점 줄어들어가는 것이었다. 하루는 그 사온 버터를 저울에 올려놓고 달아 보았다. 아니나 다를까, 그 농장의 버터 무게가 많이 줄어 있었다. 화가 치민 제빵업자는 버터 농장주인을 고발하였다. 그 버터농장 주인이 재판을 받게 되었는데 판사가 "집에서 어떤 저울을 사용하고 있소?"라고 묻자 "우리는 저울을 사용하지 않습니다."라고 대답을 했다. "그러면 어떻게 버터 무게를 안다는 거요?"라고 판사가 질문을 하자 "네, 그것은 간단하지요. 1파운드짜리 빵의 무게와 같게 만듭니다."라고 대답을 했다. "그럼 그 1파운드짜리 빵은 어디에서 사오는 거요?"라고 하자 그 낙농공장 주인은 고소인을 가리키며 "우리는 늘 저 제빵업자한테서 사다 먹습니다."라고 답하였다. 결국 버터의 양이 줄어든 이유는 제빵업자의 빵이 줄었기 때문임이 밝혀졌다.

공자는 자신의 이상을 실현하고자 주유천하를 하였으나 어느 군주도 그를 받아주지 않았다. 전쟁을 벌여 영토를 확장해도 시원치 않은 마당에 예의범절을 따지는 그가 몽상가로 보였기 때문이었다. 결국 공자는 변변한 벼슬을 할 수가 없었고 전국을 유랑하며 다닐 수밖에 없었다.

어느 날 양식이 없어 며칠을 굶고 있었다. 그러다 자로가 어디서 쌀을 조금 구해왔다. 안회가 밥을 짓고, 공자는 그 밥을 먹을 생각에 들떠 있었다. 그런데 안회가 스승도 먹기 전에 한 숟갈을 몰래 먹었다. 평소에 사람이 됨됨이가 바르고 착한 안회였는데, 그의 그런 모습을 보고 오해한 공자는 체면이 있어 대놓고 뭐라 말도 못하고 꽁해 있었다.

그러다 안회가 밥을 가지고 오자 공자는 이렇게 말했다. "회야, 내가 꿈에서 아버지를 만났는데 밥이 되면 늘 조상에게 먼저 올리라고 하셨다." 에둘러 섭섭한 티를 표현한 것이다. 그러자 안회는 죄송하다며 엎드려 울면서 말했다. "밥을 짓다가 천장에서 흙먼지가 떨어져 밥에 들어갔는데 차마 이것을 스승님께 올릴 수는 없고 그렇다고 아까운 밥을 버릴 수 없어 살짝 걷어내 제가 먹었습니다." 그러자 무안하고 미안해진 공자는 안회를 일으키며 말했다. "회야, 미안하다. 내가 너를 의심하다니, 나는 그저 내 눈과 생각만 믿고 이런 너를 의심했구나."

사람들은 믿고 싶은 것을 믿고, 보고 싶은 것을 보고, 듣고 싶은 것만 듣는다. 아무리 지혜로운 말을 해주어도 자기 이야기만 하는 사람이 있다. 자기 생각과 자기 판단에 맹종하는 사람들이 생각보다 많다. 또 다른 정보를 받아들이는 일은 번거롭고 이성적으로 보아 확실한 정보라 해도 수용하지 못하고 힘들어 한다. 불안하기 때문이다. 자신이 너무나 잘 알아 익숙한 것, 자기가 실패와 오류를 경험하여 답을 갖고 있는 것, 그래서 누구보다 확고한 믿음으로 보증할 수 있는 것만 믿는다. 설령 그것이 지극히 자기적이라 하더라도 그것을 맹신한다. 실패를 하고 손해를 봐도 그 원인이 자신의 잘못된 선택이라고 믿지 않고 또 다른 문제요인이 있을 것이라 믿는다. 그렇게라도 믿어야 덜 불안하기 때문에 사람들은 그런 자신의 신념을 믿고 심지어 타인에게도 강요한다.

외모지상주의는 20세기 중반부터 시작되었다고 볼 수 있다. 일제강점기와 1차, 2차 세계대전, 자주권 회복, 독립, 분단, 전쟁 등 한국은 전쟁의 소용돌이 속에 있었다. 이는 1970~80년대까지 이어져 군사 쿠데타, 급격한 산업화 등 국민들에게 안겨진 숙제도 많았다. 따라서 그 당시에는 자기 자신에게 시간을 투자하거나 타인에게 신경을 쓸 여유는 사실상 없었다고 할 수 있다. 베이비부머 세대 이상의 사람들은 가정과 사회, 국가의 발전을 위해 피와 땀을 흘려 노력하셨던 분들이다. 시간이 흘러 한국의 안정화로 경제적의 성장을 통해 국민들은 부유함이 충만해지게 되었고 여유가 생긴 것이다. 이를 통해 이제 '자기 관리'라는 새로운 문화가 생기게 된 것이다. 심리적, 경제적 여유가 자기 관리의 시간을 늘려주게 된 계기가 된 것이다. 하지만 점점 외모로 사람을 판단하게 되는 것이 우선순위가 되면서 사회적으로 논란거리가 되고 있다.

예를 들어보면 대부분 유명인의 경우 아름답거나 잘생긴 모습으로 대중매체에 출연한다. 이러한 대중매체에서도 외모를 보며 비하하거나 외모를 통해 그 사람을 칭찬하거나 부러워하는 모습들이 방송에 송출되기도 한다. 그들의 성형 전 모습이나 가꾸기 전의 모습의 사진이나 동영상이 공개가 되면 그들은 외모로 인해 이유 없는 질타, 비웃음과 손가락질의 대상을 받는 등 정신적인 고통을 얻는다. 또한 뚱뚱한 외모의 경우 취업하는데 어려움을 겪거나 다른 사람들로부터 비하와 멸시를 당하기도 한다. 외모로 인해서 자신의 인격과 감정까지 하찮은 것으로 취급되는 것이다.

네이버 웹툰《외모지상주의》가 유명한 만큼 우리 사회는 외모에 관심이 많다. 기업의 인사 담당자 대부분이 채용 시 외모를 본다고 대답했다고 한다. 취업을 위해 성형을 하는 취업성형까지 생기게 된 것이다. 그렇기에 현대 사회에서 대한민국은 성형이라는 극단적인 방향으로 가고 있다. 현재 대한민국은 성형률 1위라는 성형 대국이다. 이런 사회적 현상이 대한민국을 성형률 1위로 만든 것이라 생각한다.

외모를 통해서 그 사람의 전체를 판단하는 것은 좋지 못한 행동이다. 이런 사회의 근본적인 잘못은 외모에 대한 평가로 인사를 건네는 관습이 일상화되어 있다. 정치인도 잘생긴 사람은 좀 못해도 용서하는 분위기이다. 대통령도 도지사도 잘생겨서 용서가 된다는 이야기에 넋을 잃고 만다. 여성만 예쁜 것을 좋아하는 것이 아니고, 남자도 잘생기면 믿음이 가는 세상이다. 예쁘기만 하면 모든 것을 얻을 수 있는 것처럼 여기는 우리 사회의 문화적 분위기에 문제가 있다. '착하지 않은 외모'를 가진 사람들의 고뇌와 아픔에 귀를 기울여야 한다. 성형을 무조건적으로 권장하지 말아야 한다. 그것은 외모를 기준으로 인간의 가치를 등급화하고 사람들의 마음에 자기 부정의 고통을 심어주는 못된 사회, 그렇게 깊이 병들어 있는 사회를 치유하는 첫걸음이 아닐까 싶다.

세상을 살아가는 모든 사람은, 누구나 자신의 생각과 판단 또 행동의 근거와 기준이 있다. 어린 아이들도 나름대로 자신이 왜 그렇게 생각하고 행동하는지 어떤 근거가 있다. 비록 그것이 어른들이 볼 때는 유치한 것일지라도 그 아이에게는 나름 심각한 기준이 있다. 다른 사람이 볼 때에는 전혀 논리적이지 않고, 비록 잘못됐다 말할 수 있을지라도 그렇다. 당사자 본인에게는 아주 심각하고 그렇게 생각하고 행동할 수밖에 없는 구조가 있다. 소위 사람들이 말하는 논리적이라고 하는 것도 따지고 보면 매우 주관적인 경우가 많다. 우리가 살아가면서 무엇인가 발전하고 성숙한다는 것은, 자신의 논리를 보다 더 객관적이고 일반화시켜도 괜찮을 범위로 확장해 가는 것이다. 자신이 주장하는 것을 논리라 하지 않고, 같이 적용해도 될 만한 것을 논리라고 말하는 것이다.

세상 사람들이 다 성숙하고, 또 다 그렇게 수준 높게 살아가지는 못한다. 그래서 우리는 일부 고고한 사람만 살고 있지 않은 이 세상에서, 삶의 길과 방법을 생각한다. 편하다는 말에 어떤 사족을 달지 않고 좋은 의미에서 사용한다면, 삶은 편하기도 하고, 또 그 편함이 내게도 유익하고 다른 이에게도 유익함을 택해야 한다. 진리란 처음부터 끝까지 다 불편한 것이 아니라, 익숙해질 때까지는 불편해도 그 이후는 편하다.

우리가 살아가고 있는 삶과 인생들은 너무 많은 경우가 나와는 다른 논리구조를 가졌다. 그러기에 우리의 삶은 항상 부대낌과 상실감과 아픔에 의한 상처를 겪는다. 혼자서 판단하지 말고 있는 그대로 봐주어야 한다. 자신의 눈으로 보고 스스로 판단하여 생기는 오해를 없애야 한다. 편하고 행복하게 살기 위해서 판단하지 않고 다 품어 주는 것이 사랑이다. 늘 마음 부대끼고 슬프게 살지 말고, 판단하기에는 너무 모자란 사람들이니 다 가엾게 여겨 판단을 넘어 사랑하면 세상은 늘 흥분하지 않아도 된다. 세상은 서로가 반갑고 기대되고 격려해주는 살 만한 곳이 될 것이다.

5
사람을 얻는 기술

하와이 군도 북서쪽 끝에 있는 작은 카우아이 섬. 〈쥐라기 공원〉의 촬영지로도 유명한 이 섬은 한때 지옥의 섬이라 불리는 곳이었다. 다수의 주민이 범죄자, 알코올 중독자, 정신질환자였고 청소년들은 그런 어른들을 보고 배우며 똑같이 자라고 있었다. 학자들은 '카우아이 섬의 종단연구'라는 것을 시작했다. 1955년에 태어난 신생아 833명이 30세 성인이 될 때까지의 성장 과정을 추적하는 매우 큰 규모의 프로젝트였다.

많은 학자의 예상은 그랬다. "불우한 환경에서 자란 아이들은 인생에 잘 적응하지 못해 비행청소년이 되거나 범죄자, 중독자의 삶을 살 것이다." 심리학자 에미 워너 교수는 833명 중 고아나 범죄자의 자녀 등 가장 열악한 환경에서 자라고 있는 201명을 따로 정해 그들의 성장 과정을 집중적으로 분석했다.

그런데 결과는 놀라웠다. 3분의 1에 해당하는 아이들에게 뜻밖의 결과가 나왔다. 그들은 학교에서 뛰어난 성적을 거두고, 대학교 장학

생으로 입학하는 등 좋은 환경에서 자라난 아이들보다 더 모범적으로 성장한 것이다. 에미 워너 교수는 이런 결과가 어떻게 나왔는지 궁금했다. 조사 결과 이들에겐 하나의 공통점이 있었다. 아이들에게는 끝까지 자기편이 되어 믿어주고 공감해주고 응원해주는 어른이 최소한 한 명은 곁에 있었던 것이다. 부모, 조부모, 삼촌, 이모 등, 실패하고 좌절해도 괜찮다고 무조건 믿어주고 응원해주는 한 사람이 있었기에 자신의 환경을 이기고 비관하지 않고 밝게 자랄 수 있었다.

7개 국어를 했고 베트남의 독립을 위해 한평생을 살다간 호치민은 1960년대 초·중반 전쟁이 한창일 때 세계 역사상 유례가 없는, 베트남의 유능한 학생 15만여 명을 외국에 유학 보내기로 결정힌다.

"우리도 총 들고 싸우겠습니다."

"너희들은 공부하는 것이 바로 전투다. 너희들은 결코 학업을 마치기 전까지 조국에 돌아와선 안 된다. 너희들이 해야 될 사명감은 통일이 된 후 폐허가 된 베트남을 아름다운 나라로 재건하는 일이다. 그러기 위해 통일 조국을 이끌어 갈 수 있는 실력을 길러라."

나라의 미래를 위해 전쟁 와중에 자국 학생 15만 여명을 외국에 유학 보내 교육입국을 강조했던 지도자가 베트남의 호치민이었다. 호치민의 리더십은 힘없고 소외된 국민을 따뜻하게 품고 아끼면서 사랑하는 덕에서 나왔기에 1969년 서거한 지 38년이 지나도록 베트남 전역에 영향을 미치고 있다. 그는 젊은 시절 외국생활을 통해 서양문물을 접했고, 국가를 위한 애국심에 청렴, 청빈한 생활을 스스로 실천하면서 덕으로 국민들에게 다가간 인간적인 지도자였다. 지금 이 시대 우리에게 필요한 지도자의 모습은 무엇일까? 국민을 진심으로 아끼고 사랑할 수 있는 넉으로 소통하는 지도자가 아닐까 기대해 본다.

덕德이란 말은 얻을 득得 마음 심心 두 글자를 합한 것으로, 덕德 사랑을 바탕으로 타인을 배려하고 공감하려는 소통능력이다. 우리 마음이 권력이나 권위로부터 자유로울 수 있을 때 덕德을 지니게 된다. 덕은 기계화된 사회제도에서 나오는 것이 아니라, 계산되지 않은 순수한 사랑에서 나오는 인간의 아름다움이기 때문이다.

누군가 자신을 전적으로 믿어주는 사람이 있다는 것은 행복한 일이다. 자신을 믿어주는 한 사람이 없어서 자살을 선택하는 사람도 있기 때문이다. '머니볼 이론'이라는 말이 있다. 이 말은 영화 〈머니볼〉에서 시작된 말인데 "경기 자료를 철저히 분석해서 선수를 적재적소에 배치해서 승률을 높인다는 게임이론"이다. 이 영화에서 단장은 고정관념을 버렸다. 스펙이 화려한 우수한 선수보다 잠재력이 있는 참신한 선수들을 선발했다. 그리고 그들을 끝까지 믿어주었다. 그러자 선수들은 메이저 역사상 우수한 기적을 이끌어냈다. 누군가가 자기를 믿어줄 때 사람은 그를 위해 생명까지도 거는 것이다. 가정에서도 자식을 믿어주는 부모가 되어야 그 자식이 부모의 기대에 실망을 시키지 않는다.

사람들은 누구나 매력적인 사람이길 원한다. 누구나 자신만의 매력을 가지려고 한다. 하지만, 그 매력이 모든 사람에게 어필되기란 쉬운 일이 아니다. '사람'이 조직에서 가장 중요한 요소 중 하나이다. 함께 일하는 구성원들이 만족스럽게 느끼고 생각할 수 있는 조직을 만드는 일이 가장 중요하다. 사람의 마음을 얻는 것이 가장 어렵지만 삶의 길에 제일 좋은 방법이 된다는 것은 사실이다. 평생 한 번도 짝을 놓지 않는 젓가락의 생은 그래서 가치가 있다. 마음은 편하게, 마음 편한 사람이 훨씬 좋은 법, 소박함 그대로가 좋고, 거기다가 반성할 줄 아는 사람은 금상첨화이다. 그런 사람은 평생을 두고 함께하고픈 사람이다. 가까이 있는 사람은 정말 소중한 존재라는 걸 잊지 않고 사는 삶이라면 더 바랄 것이 없겠다. 멀리 있는 친척보다 이웃사촌이 더 낫다는 선인들의 말씀은 정말 옳았다는 것을 느끼게 한다.

성공적인 삶을 살아가는 사람들을 주의 깊게 살펴보라. 그들의 주변은 늘 '사람들'로 북적인다. 그들이 성공했기 때문에 사람들이 몰려온 것이 아니다. 성공에 필요한 사람들을 끊임없이 불러 모았기 때문에 그들은 성공할 수 있었다. 제아무리 실력과 운을 겸비한 사람이라 할지라도 혼자서는 정상에 서지 못한다. 에베레스트 산 정상에 오른 사람 뒤에는 뛰어난 세르파, 베이스캠프 요원들의 지원, 등정에 필요한 물적 후원을 아끼지 않은 스폰서, 난관에 부딪혔을 때 자신에게 자일과 링을 던져준 동료들이 있다. 인생이라는 산봉우리의 정상에 서고 싶다면 먼저 사람을 얻어야 할 이유가 바로 여기에 있다. 작가 레일 라운즈는《사람을 얻는 기술》에서 성공적인 인생에 꼭 필요한 사람을 얻는 지혜에 대해 이렇게 소개한다.

어떻게 해야 사람을 얻을 수 있을까? 어떻게 해야 상대를 내 사람으로 만들 수 있는가? 그것은 언제 어디서나 당신이 만난 사람들을 돈

보이게 만들어주면 된다. 언제 어디서나 당신이 상대를 따뜻하게 배려하고 있음을 드러내야 한다. 사람들이 당신을 다시 만나고 싶어 하게끔 이끌어야 한다. 사람들의 강점을 부각시키고 약점과 실수는 덮어줘야 한다. 당신의 부드럽고 따뜻한 카리스마의 힘 안으로 끊임없이 사람들을 끌어들여야 한다. 한 마디로 말해 당신은 언제 어디서나 호감을 주는 매력적인 사람이 되어야 한다. 당신이 갖고 있는 매력을 사람들에게 효과적으로 전달하는 방법들에 대해 성찰할 줄 알아야 한다. 이와 동시에 상대의 숨겨진 매력을 찾아낼 수 있는 혜안을 갖출 수 있는 노하우의 모색이 필요하다. 따라서 당신은 성공과 행복, 인생에 등불이 되어줄 사람을 얻는 데 필요한 유쾌한 전략과 전술, 따뜻한 카리스마와 철학을 만날 수 있다.

세상 모든 일은 결국 사람이 하는 일이다. 세상을 움직이는 힘은 바로 사람에게서 비롯된다. 따라서 국가나 기업은 물론 각 개인의 인생에서 가장 중요한 자산은 바로 '사람'이다. 세상살이에 대한 결론이 여기에 닿으면, 세상을 살아가는 이치 또한 자명해진다. 즉 언제 어디서나 사람을 얻어야 한다. 성공에 필요한 사람을 얻어야 하고, 행복을 함께 나눌 사람을 얻어야 하고, 풍요한 인생에 밝고 따뜻한 등불이 되어줄 사람을 얻어야 한다. 새로운 사람을 만나고 사귀는 데 자신이 없는 독자들, 인간관계를 새롭게 혁신하고자 하는 독자들, 나아가 인생에서 좀 더 큰 성취를 이루고자 하는 독자들에게 '사람을 얻는 기술'은 현명하고 지혜로운 셰르파가 되어줄 것이다.

사람이 사람 위에 군림하려는 순간 그들의 관계는 불편해지기 시작한다. 사회적 위치와 지위로 아무리 상하 관계에 있다 하더라도 사람간의 관계에서 기본적인 전제가 되어야 하는 것은 "우리 모두 같은 사람이다"라는 것이다. 사회적으로 잘난 사람들 중에 가진 것 없는 사람들을 무시하는 이들도 많다. 어떤 상황이든 인간에 대한 배려가 없는 사람들이 하는 행동은 그것을 당하는 사람에게는 다 똑같이 모욕적으로 느껴진다는 것이다.

사람을 얻는 법은 바로 사람의 마음을 얻는 법이다. 마음을 얻기 위해서는 먼저 내 마음이 전해져야 한다. 무엇보다 매 순간 진심을 담아 사람을 대해야 마음이 전해질 수 있다. 최소한 내게 부족한 것은 무엇인지, 한번쯤은 나를 한번 돌아볼 수 있는 기회가 될 수 있다. 벼는 익을수록 고개를 숙이는데, 사람 중에는 높은 자리로 갈수록 많은 것을 가지면 가질수록 고개가 하늘 높은지 모르고 점점 높아지는 이들이 있다. 스스로에 대한 자신감이 넘쳐 오만함으로 바뀌는 순간이 온다. 오만함이 다른 사람들의 눈에 보이는 순간부터 그 사람의 주변에는 진심으로 충고해 주고 위해 주는 사람들은 하나 둘 떠나기 시작한다. 진심으로 스스로가 이룬 업적들을 함께한 이들에게 돌릴 줄 아는 겸손함이 필요하다. 자신의 주변에 자신을 응원해줄 사람이 많게 하려면 먼저 상대의 마음을 읽어주고 배려하는 마음이 필요하다.

6
긍정이 걸작을 만든다

어느 날 공자가 공멸에게 물었다. 네가 벼슬을 한 뒤로 얻은 것은 무엇이며 잃은 것은 무엇이냐고. 공멸은 표정이 어두워지더니 답하기를 "얻은 것은 없고 잃은 것은 세 가지입니다"라고 답했다.

"첫째 나랏일 많아 공부할 시간이 없어 학문이 후퇴했고 둘째 받은 녹봉급이 적어 부모님을 제대로 봉양하지 못 했으며 셋째 공무에 쫓기다 보니 벗들과의 관계가 없어졌습니다."라고 말했다.

공자는 이번에는 공멸과 같이 벼슬해서 같은 일을 하는 제자 복자천에게 물었다. 복자천은 미소를 지으며 다음과 같이 대답했다. 잃은 것은 하나도 없고 세 가지를 얻었습니다.

"첫째 글로만 읽었던 것을 실천하게 돼 학문이 더욱 밝게 되었고 둘째 받은 녹을 아껴 부모님과 친척을 도왔기에 더욱 친근해졌으며 셋째 공무가 바쁜 중에도 시간을 내 우정을 나누니 벗들과 더욱 가까워 졌습니다."라고 말했다.

공멸과 복자천은 똑같은 일을 하고 있지만 전혀 다른 삶을 살고 있는 것이다. 이처럼 긍정적인 생각을 하는 사람과 부정적인 생각을 하는 사람은 마음먹기에 따라 행복과 불행을 자신이 만드는 것이다.

물이 반 컵 남아 있는데 겨우 반 컵 밖에 안 남았다고 말하는 부정적인 사람과 아직도 반 컵이나 남았다는 긍정적이 사람 중 과연 누구의 말이 맞을까? 긍정적 사고로 배려하고 존중하는 말, 희망을 가지고 최선을 다하는 오늘보다 더 나은 내일을 위해서는 자신의 생각에 달려 있다. 이왕이면 긍정적으로 생각하는 습관을 키우도록 하자. 그것이 행복을 찾는 길이다. 칭찬은 고래도 춤을 추게 한다고 했다. 부정적인 사고는 부정을 낳고 긍정적 사고는 긍정을 낳는다. 부정적으로 사고하는 사람은 늘 불만을 토로하지만 긍정적으로 사고하는 사람은 늘 감사하고 만족하고 행복하다. 행복의 비결은 좋아하는 일을 해서가 아니라 해야 하는 일을 좋아하기 때문이다.

어느 약사가 육군 사병으로 의무중대에서 약제를 담당하는 위생병으로 근무했다. 어느 추운 겨울 대대 병력이 3일간 야전 군사훈련에 들어가 위생병으로 이 훈련에 참가했다. 훈련 마지막 날 한 병사가 응급 환자를 업고 의무실에 찾아왔다. 환자는 40도가 넘는 고열로 신음을 하고 있었다. 당시 약사는 야외 훈련용으로 가지고 갔던 의약품 통을 뒤져보았으나 해열제는 모두 소비되고 한 알도 남지 않았었다. 약사는 한마디로 당황했다. 군 후송병원으로 옮길 수도 없어 하는 수 없이 약사는 해열제 대신 궁여지책으로 빨간색 비타민과 검정색 소화제 등으로 만든 가짜 약을 즉흥적으로 특효약으로 제조했다.

이 특효약을 환자에게 주면서 "이 약은 별을 단 장군급 이상만 먹는 비상용 특수약이다. 이 약을 먹으면 바로 고열이 내린다."고 말했다. 이어서 "내일 아침 일어나 바로 의무실에 와서 고열이 내렸는지 여부를 보고하라"며 돌려보냈다. 막상 환자에게 가짜 약을 주고 나니 양심상 환자에게 미안해서 잠을 이룰 수 없었다. 그런데 이튿날 아침 환자는 다시 의무실에 찾아왔다. "충성! 어제 주신 특수약을 먹고 고열이 내리고 건강이 정상으로 회복되었습니다. 감사합니다. 충성!" 약사는 깜짝 놀랐다. 믿어지지가 않았다. 가짜 약을 먹고 병세가 호전되는 바로 플라시보 효과라는 사실은 제대 후 뒤늦게 어느 의사를 통해 알게 되었다.

의학에서 나오는 플라시보placebo 효과를 들어본 적이 있을 것이다. 의학적으로 효과가 전혀 없는 가짜 약을 진짜라고 속여 환자에게 복용하게 해 환자의 병이 다 나았을 때 플라시보 효과라고 한다. 우리 인간이 가진 긍정의 힘이 작용하여 큰 효과를 나오게 한 것이다. 플라시보 효과의 반대말은 노시보nocebo 효과이다. 환자가 아무리 좋은 약을 먹어도 자신이 부정적인 생각을 갖고 있으면 아무런 효과도 없고 오히려 병이 악화되는 영향을 끼친다. 이 두 가지가 다 우리 생각이나 신념이 얼마나 중요한 영향을 미치는지 의학 실험을 통해 증명해준다. 우리가 살아가면서 절망에 빠질 이유는 얼마든지 있다. 그러나 우리는 인간이기에 절망을 극복할 수 있는 긍정의 강력한 힘이 있다. 바로 그 열쇠는 플라시보 효과를 일으키는 묘약 '긍정의 힘'이다. 긍정적인 마음으로 현실을 바라보며 노력하면 어떤 어려움과 절망도 이겨낼 수 있다. 바로 강한 의지와 믿음으로 긍정적인 생각의 강력한 힘을 발휘한다면 현재의 우리 삶이 더욱 행복해질 것이다.

"긍정이 걸작을 만든다."는 웅진그룹 윤석금 회장의 얘기다. 대기업 총수라면 다들 재벌일 거라고 생각했는데 그는 자수성가한 사람이다. 기업의 회장이라면 남다른 두뇌와 타고난 자질이 있을 거라고 생각했다. '그는 특별한 사람일 것'이라 생각했다. 물론 그는 성공할 수밖에 없게 하는 무언가를 가지고 있었다. 긍정적인 태도와 적극성, 창의력 등을 꼽을 수 있는데, 이는 훈련과 반복으로 만들어진 것이었다.

브리태니커에서 초고속 승진을 하며 승승장구하던 윤 회장은 편한 길을 버리고 다시 한 번 창업의 길을 택했다. 1980년 직원 7명, 자본금 7,000만 원으로 해임인터내셔널을 설립한 그는 브리태니커에서 쌓은 노하우를 바탕으로 학습교재를 만들어 팔았다. 소비자의 반응은 폭발적이었다. 윤 회장은 자신의 고향인 공주의 옛 이름을 따 회사 이름을 '웅진'으로 변경했다. 웅진이 내놓은 《어린이마을》, 《웅진위인전기》, 《웅진아이큐》 등 아동교육도서도 역시 대박을 터뜨렸다.

출판 사업의 성공을 발판으로 윤 회장은 1987년 웅진식품을 설립해서 식음료 부문으로 사업을 확장했다. 1989년에는 웅진코웨이를 설립해 정수기 사업에도 진출했다. 그는 영업사원 시절의 경험을 바탕으로 '소비자의 니즈'를 꿰뚫고 있었고, 웅진의 신사업 역시 성공의 가도를 달렸다. 음료의 경우 10여 년 동안 적자를 보던 것을 '아침햇살'이라는 건강 음료로 단번에 흑자로 전환시켰다. 고가의 정수기는 국제통화기금IMF 외환위기가 기회로 만들어 주었다. '고가의 정수기를 소비자들에게 빌려주는' 렌탈 서비스에 방문관리 시스템을 도입함으로

써 웅진만의 독특한 사업방식으로 소비자를 사로잡았다.

　웅진의 이러한 획기적인 아이템과 시스템에 성공을 거둔 것은 윤 회장이 체득한 '경영정신'의 승리였다. "처음 사업할 때부터 경영정신이 '사랑'이었다. 직원들이 신나게 일할 수 있도록 만들고 싶다. 신이 나야 일을 잘할 수 있으니까, 그걸 강조하고 있다"는 그는 '신바람'나서 즐겁게 일하는 환경이 되면 직원들은 웃는 얼굴, 긍정적인 자세가 되고 그러면 자연스럽게 고객의 마음을 열 수 있다고 설명한다. 그리고 그것을 단 한 마디로 표현한 것이 '사랑'이다.

　인간은 너나없이 삶의 무거운 짐을 짊어지고 살아가기 때문에 자신감을 가져야 한다. 자신감이 부족하면 늘 남들과 비교하면서 자신의 부족함만 탓하며 열등감을 갖게 된다. 아무리 키 작은 사람도 세 살 난 애기보다야 클 것이며, 아무리 키 큰 사람이라도 하늘의 별을 따지는 못할 것 아닌가. 주눅 들지 마라. 열등감이 현실을 변명하게 만든다. 젊은 사람이 변명할 때는 경험부족과 일의 익숙지 못한 점을 늘어놓게 되고, 늙은 사람이 변명할 때는 나이 들어 기억력이 예전 같지 않다고 말한다. 식당엘 가서도 부정적인 사고이면 "음식이 왜 이렇게 늦느냐"고 투덜대며, 긍정적인 사고이면 "맛있게 만든다고 시간이 좀 걸리는 것 같다."며 느긋하게 기다린다. 이렇게 짧은 순간순간들이 모여서 일생을 만들어간다.

　부정적인 사고의 사람은 현대 사회의 압력을 이겨내지 못하여 우울증에 걸리게 된다. 우울증의 원인은 스트레스며, 스트레스의 원인은 탐욕이다. 자신에게 긍정적인 암시를 줄 때 우울증이라는 병도 침범하지 못한다. 우울증은 일종의 정신병이기도 하지만 현대사회의 문명병이기도 하여서 복잡한 도시인일수록 긍정적 사고로의 전환이 필요하다. 자기 자신을 잘 살펴보면 우울증의 원인을 찾을 수 있다. 우울한 사람은 성격이 편벽되어 있고, 부정적이며 폐쇄적인 경우가 많다. 남의 인생을 늘 부러운 눈으로만 바라보지 말아야 한다. 그러한 습관들이 그 사람의 성격을 우울하게 만든다. 우울증의 원인은 잠재된 분노의 축적인 경우가 많다. 그러므로 모든 망상을 끊고, 고매한 인격을 가꾸어 나가면서 주변과의 대화와 소통으로 삶의 괴로움을 소멸시켜 나아가야 한다.

모든 사람은 완벽하지 못하다. 자신이 착하고 온전하다면 상대도 착하고 온전한 것이다. 무슨 일에서나 과욕을 부리면 남들과 갈등을 빚게 되어 짜증을 일으키게 된다. 매사를 감사한 마음으로 느긋하게 살아가도록 노력하라. 긍정적인 사고로 자신감을 갖고 살아가는 마음에는 우울증이나 짜증이란 것이 없어진다. 생각을 표현하는 창구가 말임과 동시에 반대로 생각의 방향을 결정하는 것 또한 말이다. 긍정적인 표현을 하는 습관을 들이기 위해서는 먼저 당신이 자연스럽게 하는 말을 잘 관찰할 필요가 있다. 혹시 남을 향한 험담이나 불평 혹은 부정적인 어휘가 눈에 띄게 많다면 일일이 체크를 해두라. 그리고서는 긍정적인 표현으로 바꾸는 습관을 들여라. 바꾸려고 노력하다보면 점차 당신의 언어습관이 바뀌면서 긍정적인 사고를 가지게 될 것이다.

7
10미터만 더 뛰어라

김동석 사장은 고향인 전남 순천에서 열네 살 때 서울로 올라와 무교동 의상실에 취직했다. 미싱 시다로 시작해 의류 봉제 일을 한 지 45년째다. 그의 아내도 미싱공 출신이다. 두 사람은 결혼해 1989년 서울 중랑구 면목동에 직원 네 명의 봉제공장을 열었다. 의류회사에서 디자인한 옷을 재단하고 봉제하는 공장이다. 직원이 23명으로 불어난 이 공장엔 김 사장 가족이 모두 나와 일한다. 부인은 아직도 재봉틀을 돌린다. 큰아들은 사무실에서, 둘째 아들은 생산라인에서 온갖 잡일을 다 한다. 김 사장도 영업을 뛰다가 공장에 들어가선 원단을 나른다. 네 가족이 매달려 있지만 이 공장은 수년째 적자다.

직원들에겐 늘 미안하다. 최저임금에 맞춰 월급을 주는 직원은 30년 가까이 함께 일한 여섯 명뿐이다. 나머지 직원에겐 최저임금도 못 준다. 김 사장의 두 아들도 마찬가지다. 군말 없이 일해주는 직원들이 고마울 따름이다. 사람들은 공장을 접으라고 한다. 그러나 나이 든 직원들 얼굴을 보면 그럴 수가 없다. 김 사장은 "배운 거라곤 재봉틀 돌리는 거밖에 없고, 손은 자꾸 느려지는 저 직원들을 두고 어떻게 공장 문을 닫느냐"고 말한다. 그는 "소원이 있다면 평생을 바친 봉제공장을 쌩쌩 돌리며 직원들에게 한 달에 1,000만 원씩 봉급을 주는 것"이라고 했다.

그런 김 사장이 졸지에 '악덕 사장'으로 유명해졌다. 모 재단 이사장이 어떤 방송 토론에서 언급한 '30년간 최저임금 준 사장'이 바로 그다. 이 발언이 화제가 되면서 악성 댓글이 수백 개씩 달렸다. 이런 취약업종은 봉제뿐만 아니다. 이들을 도우려면 업종 특성에 맞게 인력과 설비 등 인프라를 지원해 경쟁력을 높여주어야 한다. 아니면 이들 업종 종사자들이 다른 질 좋은 일자리를 얻을 수 있게 새 산업을 키워줘야 한다. 업종 특성을 무시한 일률적 최저임금 인상은 취약산업을 더 취약하게 할 뿐이다. 그 결과는 서민들의 일자리를 파괴하고, 그들의 생계를 위협한다. 이게 불편한 진실이자 엄혹한 현실이다. 30년간 일한 직원에게 최저임금밖에 못 준 김 사장을 향해 돌을 던질 수 있을까.

중소기업은 악화된 고용조건과 최저임금 상승에 큰 영향을 받고 있다. 도소매음식숙박업에서 취업자 수 감소가 발생하고 있다. 세계경제와 정부정책의 불확실성이 높아지면서 기업의 미래에 대한 불안감이 고조된 것도 한 요인으로 보인다. 근로자의 고용불안과 기업의 어두운 시계는 위기감이 전파되는 데 좋은 환경이다. 또 다른 중요한 배경은 한국 경제의 발전단계에 어울리지 않는 높은 성장률에 대한 기대치에 있다. 가능성이 높은 시나리오는 미국 금리의 급상승과 중국 경제의 불안감 고조가 겹친다. 아시아 신흥국에 대한 국제시장 금리가 상승하고 그 여파로 주택가격이 하락한다. 다중가계채무자의 연체가 증가하고, 한계 중소기업 파산이 발생하는 일이다. 이어서 주요 대기업이 파산하고 한국 제조업이 휘청거리는 일이 발생하는 것이다. 작은 나라에서 거대 기업의 파산은 시스템 붕괴의 위기를 불러온다. 위기를 말하는 것은 위기에 대한 대응을 촉구하니 좋은 일이다. 어려운 상황이지만 국민과 정부가 위기를 인식하고 준비를 해 나가야 한다.

천호식품의 김영식 회장이 쓴 《10미터만 더 뛰어봐》의 내용이다. 김영식 회장은 스물네 살에 군대를 제대하고 경남 고성에서 '일일공부'라는 배달 학습지 지국을 인수해 일을 시작했다. 자전거로 배달하고 판촉활동을 하느라 매일 100킬로미터 이상씩 비포장도로를 달렸다. 그렇게 작은 장사를 하다가 나이 서른에 금연파이프 사업으로 큰돈을 벌었다. 겁 없이 돈을 물 쓰듯 하다가 장사에 크게 실패를 하게 되었고, 쌀이 떨어져 밥도 못 먹는 처지가 되기도 했다. 그러다가 어디서 좋은 물건이 있다는 정보가 들어왔다. 250만 원만 있으면 조끼 5천 장을 인수할 수 있다는 정보였다. 하지만 저당잡힐 물건 하나 없었던 터라, 무작정 사채업자를 찾아가 무릎을 꿇고 다섯 시간을 버텨서 사채업자의 돈을 빌렸다. 리어카를 빌려 조끼를 잔뜩 싣고 핸드마이크를 들고 거리에 나갔다. 사흘이 지나니 손발이며 입술이 다 부르텄다. 열흘 뒤 다 팔고, 결산해보니 사채를 갚고도 500만 원이 남았다고 한다.

새로운 사업 아이템을 잡아 직접 판매에 나섰고, 서른네 살이던 1984년 천호식품을 설립했다. 1990년대 달팽이 건강식품으로 대박을 터뜨려 부산에서 현금 보유 기준 100등 안에 들 정도로 잘나갔다. 사업이 잘되니까 계속 사업을 확장했다. 본업이 건강식품인데 찜질방, 황토방, 서바이벌 게임 사업 등으로 확장해 나갔다. 그러다 IMF를 만나 순식간에 추락하고 말았다. 바닥으로 내려가서 다시 시작했다. 그때 휴대전화 액정에 이렇게 쓰고 다녔다 한다. '쑥을 팔자, 못 팔면 죽는다.' 당시 회사에는 강화사자발쑥진액이 있었는데, 그걸 팔아야 일어설 수 있었다. 아침 6시 30분이면 서울 강남역으로 가서 출근하는 사람들에게 전단을 돌렸다. 퇴근길 지하철을 타면 맨 첫 칸부터 끝 칸까지 선반에 전단을 올려놓았다. 심지어 비행기 안에서도 전단을 돌렸다. 직원이 말리면 사정했다. "이거 못 팔면 저는 죽습니다."

번듯한 회사 사장이 하루아침에 몰락한 모습이 창피했을 것이다. 누구를 만날까봐 두려웠을 것이다. 하지만 김영식 회장은 전혀 내색하지 않았다. 재기를 꿈꾸면서 간절히 원했기 때문이다. 간절히 원하는 사람은 부끄러움을 모른다. 간절히 원하면 아이디어도 쏟아져 나온다. 모든 것은 간절히 원했기에 이루어진 것이다. 흔히 인생을 마라톤에 비유한다. 뛰다 보면 넘어질 때가 있다. 김영식 회장 역시 몇 차례나 넘어져 그대로 경기를 포기할까 싶은 순간도 많았다. 하지만 그때마다 자기 안에서 놀라운 오기가 생겨났다. 성공과 실패를 가르는 차이는 10미터에 있다. 100미터를 뛰던 사람에게 200미터를 더 뛰라고 하면 누구라도 포기할 것이다. 하지만 10미터만 더 뛰라고 하면 그건 얼마든지 뛸 수 있다. 한 번의 성공, 한 번의 실패에 웃고 울고 하지 말자. 대신 늘 10미터를 더 뛰자. 그러면 성공은 당신의 것이 될 것이다.

한국의 6·25전쟁 때 세계에서 한국을 돕고자 54개국에서 파견을 했다. 이들은 병사지원을 위해 UN에서 16개국, 물자지원을 위해 32개국, 의무지원을 위해 6개국이 동참했다. 이들 국가 중 하나인, 베트남에서 한국 기업이 놀라울 정도로 성장하고 있다. 수많은 해외 기업들이 베트남 시장으로 뛰어들고 있지만 그 중에서도 단연 두드러지는 것이 한국 기업의 진출이라는 것이다. 한국 기업이 베트남에 미치는 영향력은 하노이 삼성전자 한 곳만 보아도 실감할 수 있다. 삼성전자만 하더라도 그 공장에 10만 명이 넘는 현지인들이 정규직으로 근무하고 있다. 이들에 의해 만들어진 상품이 세계 각지로 수출되고 있다. 그리고 베트남에서 생산되는 삼성 스마트폰이 삼성전자 전체 물량의 40%에 이를 정도라고 한다. 이것이 바로 한국인의 저력이다.

한국인이 베트남에서 미치는 영향력은 경제뿐이 아니라 스포츠에서도 놀라울 정도이다. 요즘 베트남은 베트남 축구팀을 맡은 한국인 박항서 감독 때문에 온 나라가 흥분하고 있다. 박 감독이 이끄는 베트남 축구팀이 지난해 아시아축구연맹 23세 이하 챔피언십 대회에서 준우승을 시작으로, AFF 스즈키컵에서 베트남의 우승을 이끌었다. 아랍에미리트에서 열린 아시안컵에서도 베트남은 8강 진출로 베트남 축구의 선전이 이어졌다. 이는 마치 히딩크 감독이 이끌던 한국의 축구팀이 지난 2002년 한·일 월드컵에서 4강 신화를 이루었던 때를 연상케하는 기록이다. 이런 결과는 박 감독이 베트남 대표팀과 U-23 대표팀을 맡은 지 불과 4개월 만에 이루어낸 쾌거라고 한다. 이로 인해 베트남은 박항서 감독을 영웅으로 추대하고 그에게 노동훈장을 수여하는 등 온 나라가 그의 이름을 연호하며 흥분과 축제에 들떠 있다. 베트남인들이 한국 쪽을 향해 절을 하고 있을 정도라는 것이다.

불과 60년대만 해도 전쟁의 참화 속에서 미래가 전혀 보이지 않고 GNP 100위권이던 한국이 오늘날 14위로 올라섰을 만큼 국가적 위상이 높아졌다. 지난해는 인구 5,000만 명 이상인 국가 중 1인당 GNI가 3,000달러 넘어선 7번째 국가가 되었다. 하지만 문제는 빈익빈 부익부의 격차가 더 심해지고 있다는 것이다. 생활고를 이겨내기 어려운 사람들의 자살이 늘고 있다. 정권만 바뀌면 정치인들이 줄줄이 감옥으로 가는 불행한 역사가 되풀이되고 있다. 이런 어두운 그림자를 없애지 않으면 한국인과 한국 기업이 아무리 피땀 흘려 쾌거를 이룬다 하더라도 결국 물거품으로 돌아갈 수밖에 없다. 정치인들만 길하면 된다는 소리가 없어질 때 한국은 비로소 세계에서 으뜸가는 정상 국가 반열에 당당히 올라설 수 있을 것이다. 포용국가를 지향하는 정부의 정책을 말장난해서는 안 된다. 자신들의 잣대로 적폐를 청산하겠다는 것은 영원히 화합하지 못하게 만든다. 대승적인 방향에서 포용하고 분열된 국민들의 마음을 한곳으로 모아야 한다. 똘똘 뭉쳐도 어려움을 넘어서기가 쉽지 않은 상황이다. 국민들의 마음을 한곳으로 모아서 10미터만 더 뛰겠다는 각오로 다시 한국인의 저력을 발휘해야 한국의 미래를 담보할 수 있다.

chapter
4

성공한 사람들의
인간관계

1
데일 카네기

데일 카네기Dale Carnegie, 1888~1955는 최초로 본격적인 자기계발서를 만들어낸 사람이라고 할 수 있다.《카네기 인간관계론》,《자기관리론》등 여러 서적을 많이 서술했고 그가 죽은 지 꽤 된 지금 시점에서도 중요한 인간 관계론적인 이야기를 해준다.

가장 대표적인 저서는《How to Win Friends and Influence People》(1936)이다. 1936년에 처음 출판되었으며 현재까지 미국에서 1,500만 부 이상, 전 세계적으로는 6,000만 부 이상이 팔렸다. 자기계발서의 고전 중의 고전으로서 다른 대부분의 자기계발서와는 다르게 인간관계에 직접적으로 도움이 될 수 있는 주옥같은 서술과 예시를 들고 있다.

기본적인 실천 방법을 예를 들자면, '비난하지 말라', '칭찬하라', '잔소리 하지 말라', '논쟁하지 말라' 등인데 아주 기본적이고 쉬운 것이면서도 실천하지 못하는 사람이 대부분이기 때문에 이것 하나만 읽고 제대로 실천하면 인간관계 개선에 문제가 없을 정도이다. 출판된지 80년이 지난 오늘날에도 여전히 스테디셀러로 팔리고 있다. 한국에서도 여러 출판사에서 번역본을 내고 있으며 꾸준히 팔리고 있다. 데일 카네기는 긍정적 인간관계를 맺는 법을 가르쳐주는 교육과정을 만들었다. 이 과정은 데일 카네기가 살아있던 시절부터 시작해 현재에도 왕성하게 활동하고 있다.

《카네기 인간관계론》이 책은 가히 자기계발 주제의 바이블로 통한다. 책을 좀 읽는 사람은 한 번쯤 봤음직한 책이다. 여러 가지 설들이 있지만, 세계에서 성경 다음으로 가장 많이 팔린 책이라는 별명까지 붙을 정도이니 그 인기가 어느 정도인지는 짐작할 만하다. 그렇다면 왜 사람들은 인간관계에 대해 어려워하고 인간관계를 좋게 하기 위해 신경을 쓰는가? 그것을 바로 우리들이 다른 사람들과 다양한 관계를 맺으며 살아가야 하기 때문이다. 살다보면 여러 가지 유형의 사람들을 만나게 된다. 사람마다 제 각각 스타일이 있고, 개성이 있고, 생각이 있다. 10명의 사람을 만난다면 10개의 인간형이 있는 셈이다.

우리가 다른 사람들과의 관계를 좋지 못하게 만들면서도 잘 살아갈 수 있다면, 인간관계는 문제가 되지 않는다. 하지만 다른 사람들과의 관계가 자신의 삶에 엄청나게 큰 영향을 주는 사회에 속해 있으므로, 인간관계는 더 이상 터부시할 문제가 아닌 것이다.

이 책의 저자 데일 카네기는 인간관계라는 매우 심오하고 중요한 주제를 '론'이라는 추상적인 단어를 붙여 전략적으로 집대성했다. 당신이 무엇을 하든 다른 사람과의 관계를 신경 쓰지 않을 순 없다. 밥을 먹든, 잠을 자든, 휴식을 취하고 여행을 떠난다든지, 좋아하는 취미 생활을 한다고 할지라도 어찌했거나 다른 사람과 엮여야 한다. 그렇기 때문에 당신이 무엇을 하고자 한다면, 일단은 다른 사람과의 관계부터 파악해야 하는 것이다.

이 책에서 많은 힌트와 깨달음을 받은 것은 이 책을 읽고 나서 다양한 해결책을 얻을 수 있었기 때문이다. 즉, 인간관계 때문에 여러 가지 스트레스 등을 동반했던 많은 경우에 있어서 조금의 대책을 마련할 수 있었다. 이 책은 정말이지 오늘날 현대인들이 꼭 기억해야 할 인간관계에 대한 내용을 알려준다.

이 책을 읽어보기 전 어느 날, 지인의 집에 놀러갔다가 책상 위에 도서관에서 대여한 《카네기 인간관계론》이 있을 것을 발견하고, '인간관계론 따위를 왜 공부하는 걸까?'란 의문점을 가졌던 기억이 난다. 인간관계는 아주 사소한 부분에서부터 영향을 줄 수 있다. 가령, 이름을 다르게 부르는 행위는 상호간의 관계에 큰 치명타를 준다. 당신이 상대방과 좋은 관계를 맺고 싶다면, 결코 상대방의 이름을 다르게 말해서는 안 된다. 이런 아주 기본적이지만 현대인들이 잘 지키지 못하는 여러 가지 인간관계 힌트들이 이 책에 모조리 나와 있다. 인간관계를 좋게 하는 매우 쉽지만 뛰어난 해결책은 상대방을 칭찬하는 것이라는 것을 배울 수 있다.

성공하는 방법은 크게 두 가지로 나눌 수 있다.

첫 번째, 자신이 그 분야의 전문가가 되어 세계적으로 명성을 떨치는 것이다. 가령, 자산관리 분야에서 가장 잘한다면 성공하지 못할 이유가 전혀 없다. 하지만 이 부분은 매우 어렵다.

두 번째 방법은 해당 분야를 잘 아는 '사람'과 함께 일하는 것이다.
애플의 스티브잡스, 철강왕 앤드류 카네기 등 엄청나게 많은 사례에서
전문가와 잘 지내는 것의 중요성을 살펴볼 수 있다.

우리들은 모두 다른 사람과의 인간관계를 항상 신경써야 한다. 그
렇지 않는다면 제대로 된 행복이나 삶을 영위할 수 없기 때문이다. 오
래전부터 많은 철학자들도 인간관계의 중요성을 역설하고 그것을 이
끌어내는 방법을 제시하였다. 예나 지금이나 인간관계는 모든 사람들
의 고민이자 넘기 어려운 벽으로 느껴지는 것 같다.

그럼 최대의 인간관계 효과를 얻는 방법은 무엇일까?

이 책을 자주 읽고, 책에 나오는 다양한 힌트들을 몸소 실천해보는
것이다. 오랜 세월이 지났음에도 꾸준한 사랑을 받고 있는 이 책은 그
만큼 전해지는 교훈이 많다. 만약, 당신이 이 책을 아직 읽어보지 못
했거나 이 책을 읽어는 보았으나 기억이 가물가물 하다면, 최대한 빨
리 읽어보기를 권하고 싶다. 모두 읽고 난다면 왜 이 책을 늦게 읽었
는지에 대해 후회감과 안도감이 함께 몰려올 것이다.

세계에서 가장 많이 팔린 책은 성경이다. 두 번째 책은 무엇일까.
여러 의견이 있지만 데일 카네기의 《인간관계론》을 꼽는 사람이 많다.
복잡한 인간관계에 대한 해법을 제시한 지침서로서 오랫동안 호평 받
고 있다. 상대방과 친해지는 방법을 알고 싶은가? 그렇다면 《카네기
인간관계론》을 읽어봐라!

첫 번째, 비난이나 비평, 불평하지 말라. 비난이나 불평 비판 등등

타인에게 당신의 생각은 잘못된 것이라고 말하는 것은 그 사람의 생각의 부정을 주며 자신의 이미지 또한 마이너스로 보이게 하는 행동이기도 하다. "그게 아니야", "그건 틀렸어", "좀 잘해봐", "네가 그렇게 하면 난 뭐가되는 건데?" 등등. 생각해보면 우리 주위 사람들 심지어 동네 아주머님 등등 상대방의 의견이나 주장에 반론이나 비난 불평 등의 쉽게 하는 모습을 볼 수 있다. 한번 생각해보길 바란다. 평소에 직장에서 친구들과 만나서 나는 그런 행동을 하지 않았나? 지금이라도 그것을 깨달았으면 이제부터 하지 않기로 해보자.

두 번째, 솔직하고 진지하게 칭찬하라. 서양 같은 경우는 자신의 표현이 굉장히 솔직한 모습을 볼 수 있다. 하지만 우리나라의 경우는 자신의 감정을 숨기는데 급급하다 특히 우리나라 사람들은 칭찬을 잘 안 한다. 상대방의 어떠한 모습을 정말 잘 되었다 대단하다고 생각이 들어도 속으로만 생각할 뿐, 이러한 모습은 매우 좋지 않다. 지금부터라도 상대방을 인정해주며 칭찬을 해보길 바란다. 그럼 상대방은 타인에게 칭찬을 받음으로 자신감과 자존감이 올라간다. 나아가서는 칭찬한 상대에게 고마워할 것이다. 칭찬은 인간관계를 만드는데 중요한 도구 중 하나이다.

세 번째, 순수한 관심을 기울여라. 인간관계에 관해서 사람들이 많은 고민을 하는 것이 자신이 행동을 하지 않으면서 관심을 받고 싶어 한다는 점이다. 명심해야 할 것이 있는데 자신이 타인에게 관심을 가져서 관계를 만들어야지 상대방이 다가오기를 기다리면 안 된다. 상대방의 행동이나 모습 관심을 기울여서 관심을 가져주는 것이 인간간계를 만들어가는 한걸음이라고 할 수 있다. 상대방의 생각이나 행동은 내가 바꿀 수는 없다 하지만 자신이 바뀌어야겠다고 생각하면 자신을 바꿀 수 있다.

네 번째, 경청하라. 사람들이 잘 못하는 것 중에 또 하나는 경청이다. 사람들은 누구나 자기가 하고 싶은 말을 한다. 친구들과 이야기하면서 자신의 이야기를 말하고 싶어 근질근질거리거나 중간에 말을 끊어서 자신이 말을 한 적이 있지 않은가? 사람은 누구나 대화 상대의 의견에 대해서 반론하고 싶고, 고치고 싶고, 내 의견을 말하고 싶고, 나의 주장을 알아줬으면 한다. 하지만 이는 잘못된 것이다 내가 말한 근질근질거리는 마음 나의 주장을 펼치고 싶은 마음을 접어야 한다. 경청이란 것은 상대방의 대한 존중과 상대방이 그 상황에서 그럴 수도 있겠다는 역지사지의 마음부터 시작한다. 지금부터라도 자신의 의견을 내놓고 싶은 마음은 잠시 눌러보고 대화 상대를 존중하는 태도로 이야기를 들어보기를 바란다. 이야기를 잘 들어주는 것만으로도 이야기를 한 상대방은 당신과 이야기가 즐겁고 고마워 여길 수도 있다

인간관계가 생각만큼 쉽지 않다고 하는 사람이 많다. 서로의 사이가 삐걱댈 때면 곧잘 상대에게 책임을 돌리곤 한다. 하지만 자신의 처지에서만 생각하고 접근하는 것은 아닌지 되돌아보는 것이 중요하다. 마음의 거리를 좁히기 위해 먼저 손을 내밀고 한걸음 가까이 다가가는 노력이 필요하다. 카네기의 소중한 가르침을 우리 모두 실천해 나갔으면 좋겠다.

2
스티브 잡스

췌장암으로 오랜 투병 끝에 56세를 일기로 사망한 스티브 잡스는 아이팟과 아이폰, 아이패드 등으로 전 세계 전자제품 시장에 전례 없는 영향을 끼쳤다. 아이팟과 아이폰, 아이패드는 모두 상대적으로 최근에 시장에 등장했다. 이 제품들은 비쌌고, 초기 버전에서는 눈에 띄는 특징이 없었다. 그러나 애플 제품은 라이벌 기업들을 눌렀을 뿐더러 음악과 모바일 통신, 개인용 컴퓨터라는 3개의 산업 분야를 재정립했다. 산업에 이렇게 많은 충격을 준 기업가는 헨리 포드나 힐튼 호텔 창립자 콘래드 힐튼 정도를 빼면 몇 되지 않는다. 잡스는 이러한 비범함으로 애플의 성공을 이끌었다. 그는 주변 일에 일일이 간섭하는 사람이었고, 완벽주의 때문에 수백 가지의 아이디어를 퇴짜 놓은 것으로 유명하다. 그는 새 제품을 직접 소개했고, 애플 제품을 판매하는 수백 개의 '애플스토어'를 열기도 했다. 잡스는 손쉬운 사용과 간소화를 추구하기 위해 업계의 관행을 거부하고 부품으로 쓰이는 칩에서부터 애플스토어에 이르기까지 모든 것을 세밀하게 관리했다.

샌프란시스코에서 대학생 부부의 아이로 태어난 그는 폴과 클라라 잡스 부부에게 입양돼 스티브 잡스라는 이름을 가졌다. 실리콘벨리의 심장부인 마운틴뷰에서 자라났다. 홈스테드 고등학교에 다닐 때 그는 팰러앨토 인근의 휴렛패커드에서 방과 후 수업을 들었고, 그곳에서 애플의 공동창업자 스티브 워즈니악과 아르바이트를 했다. 고등학교를 졸업한 후 잡스는 오레곤 주 포틀랜드에서 있는 리드대학 인문과학대에 진학했다. 한 학기를 다니고 중퇴했지만 대학에 남아 몇 개의 수업을 계속 들었다. 그는 머리와 수염을 길렀고 때때로 무료 점심을 먹기 위해 약 11km 떨어진 하레 크리슈나 사원까지 걸어가곤 했다. 잡스는 학위도, 특별한 재능도 없었고 사람들과 대화하는 능력도 부족했다. 그러니 그에게는 천재 공학도이자 충실한 친구가 한 명 있었다. 스티브 워즈니악은 남들보다 적은 칩으로 전기 회로를 만들 수 있었고 도전을 즐겼다. 잡스는 애플을 창업하면서 그 재능을 이용했다. 잡스의 야망과 끊임없이 재촉하는 성향, 그리고 빠르게 개발시킨 디자인·마케팅 능력이 없었다면 워즈니악은 HP에서 컴퓨터를 만들며 평온한 삶을 보냈을 것이다. 워즈니악은 컴퓨터를 만들었지만, 잡스는 시장을 창조했다.

부와 명성은 예상치 못한 결과를 낳았다. 1981년 2월 워즈니악은 자신의 개인 비행기를 몰다 사고로 부상을 입었다. 애플의 컴퓨터 개발은 그가 없는 상태에서 계속됐고, 잡스는 매킨토시를 고안한 제프 라스킨으로부터 프로젝트를 넘겨받았다. 매킨토시는 워즈니악이 아닌 잡스의 컴퓨터가 됐다.

잡스는 '맥'을 위한 몇 가지 아이디어가 있었다. 바로 마우스와 그 래픽 사용자 인터페이스GUI에 기반을 둔 첫 일반 대중용 컴퓨터를 만 드는 것이었다. 이 아이디어는 제록스연구소의 앨런 케이 등의 컴퓨 터 공학자들에 의해 개발된 것이었다. 그들은 고가의 제록스 스타 워 크스테이션에서 이러한 기능을 구현했고, 나중에 애플이 내놓은 '리 사'에서도 쓰였지만 상업적인 성공을 거두진 못했다. 잡스는 맥이 컴 퓨터광이나 과학자, 사업가보다는 일반적인 소비자들로부터 호응을 얻을 수 있는 기기가 되길 바랐다. 이는 매력적인 외관을 갖췄지만 소 비자들을 만족시키진 못했다.

1985년 애플은 6개의 공장 중 절반을 폐쇄하고 전 직원의 5분의 1 인 1,200명을 해고했다. 그리고 1분기에 손실을 봤다고 밝혔다. 잡스 는 "남은 인생을 설탕물이나 팔면서 살 건가, 아니면 세상을 바꾸겠 나?"라고 직접 설득해 펩시에서 영입한 존 스컬리 CEO와 갈등을 빚 고 회사에서 쫓겨났다. 맥은 이전의 방식으로 다시 디자인됐고 매킨 토시II가 1987년 출시됐다. 매킨토시II는 특히 디자인과 출판업계에 서 성공적이었다. 잡스는 새로운 회사 넥스트를 세웠고 기업과 고등교 육 프로그램 이용자들을 위한 유닉스기반 워크스테이션을 생산했다. 그는 몇몇 애플 직원을 데려왔고 이 중에는 맥 프로젝트에 참가한 몇 몇 뛰어난 인재들도 있었다. 넥스트가 많은 재정적 지원을 받았고, 이 들이 만든 '넥스트 큐브'로 팀 버너스리가 '월드 와이드 웹www'을 개 발했지만 판매량은 실망스러웠다. 넥스트는 하드웨어 분야를 포기하 고 운영체제 판매로 전환했지만 상황은 반전되지 않았다. 이 단계에서 잡스는 변했다. 그가 영국에서 넥스트 제품을 출시할 때 그는 멋지게 차려입은 예의바른 사업가가 되어 있었다. MS가 마침내 마우스와 GUI를 이용한 윈도 95를 출시한 후 모든 것이 바뀌었다. 애플의 연간 총매출은 1994년 110억 달러에서 1998년 59억 달러로 추락했다. 회사는 적자를 봤고 몇몇의 매각 시도가 있었다. 애플 이사회는 회생을 위해 길 아멜리오를 영입했지만 소용이 없었다. 잡스는 나중에 "제품들이 형편없었어! 그것들은 더 이상 매력이 없었다고!"라고 말했다.

잡스는 아멜리오의 자문역으로 애플로 컴백했다. 그러나 공식 직함이 무엇이건 누가 쇼의 주인공인지는 분명했다. 잡스는 이사회의 쿠데타를 모의했고, 1997년 9월 '임시 CEO'가 됐다. 애플 제품에 대한 추종은 흡사 종교적인 성격을 띠어왔고, 잡스가 애플로 돌아온 것은 '맥 신도들'에게는 그리스도의 재림과도 같았다. 입양된 소년이 창고에서 회사를 설립해 부와 명성을 얻고, 그 회사에서 쫓겨난 뒤 다시 개선장군으로 돌아온 잡스의 스토리는 아메리칸 드림의 표상이었다. 애플이 경영난에서 벗어나는 일은 잡스에게도 쉬운 게 아니었다. 그는 잘 팔리지 않던 제품을 청산했고, 제품군을 극도로 단순화했고, 매력적인 디자인의 제품을 만드는 프로세스를 시작했다. 십여 가지가 넘는 맥 모델을 아이맥으로 단순화했고, 넥스트가 개발한 운영체제 넥스트스텝을 새로운 운영체제인 'OS X'로 개조했다.

잡스는 오리지널 매킨토시 때 썼던 방식을 고집했다. 대대적인 발표회와 엄청난 TV 광고를 쏟아내기 전까지 본인의 철저한 감시 하에 비밀리에 제품을 개발했다. 그는 또한 컴퓨터 성능을 높이기 위해 만드는 확장 슬롯을 없애고 배터리까지 내장시키는 등 최대한 가전제품과 유사한 제품을 만드는데 신경을 썼다. 그러나 1984년 이후 세상은 변해 있었고, 테크놀로지는 더 이상 취미생활용이나 업무용 영역에만 머물러 있지 않았다. 대부분의 소비자들은 이제 컴퓨터를, 나아가 스마트폰을 쓰고 있다. 애플이 맥을 구했더라도 윈도가 지배하는 세상에서는 별 가망이 없었을 것이다. 잡스는 넥스트가 애플에 팔리기 전에 이렇게 얘기했다.

"내가 만약 애플을 경영했더라도 매킨토시는 가능한 최대한 이용한 후에 그다음 훌륭한 것을 만드는데 몰두했을 것이다. PC 전쟁은 끝났다. 완전히 끝났다. 마이크로소프트가 오래 전에 승리했다."

잡스가 10살이 될 때 실리콘밸리 마운틴뷰 부근을 이사를 했다. 실리콘밸리의 전자회사에 일하는 많은 엔지니어들의 주거지였던 동네였다. 호시심이 많았던 잡스에게는 탁월한 선택이었다. 유명한 엔지니어들이 옆집, 윗집, 아랫집 등 잡스의 이웃에 살았다. 잡스는 이웃 아저씨들을 통해 정작 중요한 것은 학교에서 가르쳐주지 않으며, 학교 공부를 잘하지 않더라도 충분히 천재가 될 수 있다는 사실을 자연스럽게 배울 수 있었다. 이는 꼬마 잡스에게 강한 자신감을 불어넣었고 훗날 자신의 집 차고에서 컴퓨터 회사를 차린 원동력이 되었다. 그가 젊은 나이에 회사를 차려 실리콘밸리의 상징이 될 수 있었던 것은 이처럼 컴퓨터 산업 초창기부터 그 동네에 살았던 과거의 경력이 가장 크게 작용했을 것이다. 그것은 잡스의 인생에 가장 큰 행운이라고 할 수 있다.

잡스의 이웃에 사는 빌 페르난데스와 친했다. 두 사람은 또래 친구들에게 괴짜 취급을 당했지만 동네의 엔지니어와 과학자들과는 무리 없이 잘 어울렸다. 페르난데스의 집 맞은편에는 한 엔지니어 가족이 살고 있었는데, 아들이 워즈니악이었다. 워즈니악은 자신이 좋아하는 분야에는 뛰어난 능력을 보였지만 다른 것은 전부 따분해하는 전형적인 천재 캐릭터였다. 워즈의 유일한 꿈은 컴퓨터를 만드는 것이었다. 워즈와 잡스가 처음 만나게 된 것은 페르난데스의 덕분이었다.

"잡스, 너 워즈 형 아니? 이 동네에서 유명한 형인데, 요즘 우리 차고에서 컴퓨터를 만들고 있어. 구경 올래?"

페르난데스는 잡스를 자기네 집 차고로 데려가서 워즈와 함께 만든 컴퓨터를 보여주었다. 애플의 동업자가 된 스티브 워즈니악과 스티브 잡스의 역사적인 첫 만남이었다. 둘의 첫 인상은 특별할 게 없었다. 그도 그럴 것이 열여덟 살인 워즈에게 다섯 살 아래의 잡스는 전자 공학에 대해 별로 아는 것이 없는 풋내기 아이에 불과했기 때문이다. 워즈가 보기에는 레이저와 거울로 장난치는 수준과 같았다.

스티브 잡스는 컴퓨터를 직접 만들고 있는 워즈에게 주눅이 들었다. 그래도 두 사람은 통하는 면이 많았다. 둘 다 자기 생각에만 빠져 있는 외톨이였다. 워즈가 오로지 컴퓨터와 전자공학에 몰두했던데 반해, 엄밀히 말하면 잡스는 자기 자신에 관심이 많았다. 잡스는 자신이 무엇을 원하고, 무엇을 잘 할 수 있는지에 몰두하다 보니 전자 기기에 관심을 갖게 된 것이다. 워즈에게는 기술이 있었고 잡스에게는 배짱이 있었다. 잡스는 한번 목표를 세우면 뻔뻔할 정도의 추진력으로 밀어붙였고, 무슨 일이 있어도 반드시 이루고야 마는 집념이 있었다. 잡스의 이러한 성격은 이후 애플에서 일할 때도 여지없이 드러났다. 잡스는 인간관계가 원만하지는 못했다. 하지만 자신이 하고 싶은 것에는 어릴 때부터 당돌할 정도로 관계를 유지했다. 자신의 관심사인 컴퓨터를 만드는데 필요한 인간관계는 잡스의 방법으로 인간관계를 유지했던 것이다. 세상은 절대 혼자 살 수 없듯이 큰일도 혼자서 해낼 수 없다. 세상의 많은 사람들과의 인간관계를 맺는 것보다 자신의 관심사에 관련 있는 집중된 인간관계를 유지하는 것도 방법이다.

3
토니 로빈스

토니 로빈스는 미국뿐 아니라 전 세계적으로 유명한 변화 심리학
의 최고 권위자로서, 개인을 변화시키고 전문가의 프로들의 심리를
치유하며, 대기업과 팀의 조직을 혁신시키는 놀라운 결과를 이끌어왔
다. 지난 20여 년 동안, 그는 수많은 대중강연과 세미나를 통해 개인
들의 삶과 조직의 수준을 혁신하는 데 헌신해옴으로써 강렬한 족적을
남겼다. 1997년, 국제상공회의소가 뽑은 "세계에서 가장 뛰어난 인
물 10인"에 선정되어, 이 시대에 가장 영향력 있는 사람으로 평가 받
은 그는, 인간이 어떤 환경에 처해 있든 관계없이 즉각 변화를 이끌어
낼 수 있는 우리들의 내적 능력을 계발해 보여주었다. 그것은 로빈스
자신의 인생 자체가, 무수한 역경을 딛고 일어선 성공적인 삶의 본보
기였기 때문이다.

그는 천만 부 이상이 팔린 초베스트셀러 《무한능력Unlimited Power》
《네 안에 잠든 거인을 깨워라Awaken the Giant Within》의 저자이기도 하
며, 개인과 조직의 혁신을 실질적으로 불러일으키는 오디오 교육시스

템인 〈우리 안의 놀라운 힘〉을 전 세계에 2억 개 이상 판매하여, 수많은 사람들의 인생을 경이롭게 변화시켜온 카운슬러이기도 하다. 또한 세계적 초우량기업인 IBM, AT&T, 아메리칸 익스프레스, 맥도너 더글러스 등 《포춘》지가 선정 500대 기업 CEO들과 미국 올림픽 선수단, 프로축구단, 프로농구단을 포함하여 안드레 아가시부터 그렉 노먼에 이르는 프로 운동선수들, 미국 상하 의원과 미 육해공군 장성들, 마이클 잭슨, 바네사 메이 같은 정상급 연예인에서부터 빌 클린턴, 조지 부시 같은 전·현직 대통령조차 앞다투어 찾아가는, 강력한 조언자이자 상담가이다.

토니 로빈스는 단순히 생산성 코치라고 소개하기에는 너무 유명한 스타다. 오프라 윈프리조차도 토니 로빈스의 세미나가 놀라운 경험이었다고 말한다. 오프라는 방송인으로 이미 성공한 후에 취재 차원에서 세미나를 들으러 갔지만, 오히려 학생이 되어 많은 것을 배우고 나왔다 한다. 세미나를 들으며 메모한 것이 공책 한 권 분량이나 되었다는 것이다. 위키백과에 따르면 지금까지 토니 로빈스의 라이브 세미나에 참가한 수는 400만 명에 이른다. 책이나 온라인 강의를 들은 사람은 훨씬 더 많을 것이다. 지금까지 그의 삶은 평탄한 엘리트의 길이었을까? 아버지는 크로아티아계 이민자였다. 그가 겨우 일곱 살 때, 부모는 이혼했다. 고등학생 때는 생활비를 벌기 위해 막노동을 했다. 17세가 되던 해 가출했고, 다시는 집으로 돌아가지 않았다. 대학에 진학하지도 않았다. 빌딩 수위로 일하면서, 좁은 월셋집에서 정크푸드로 끼니를 때우는 비만한 청년, 그것이 토니 로빈스의 젊은 시절 모습이다.

《네 안에 잠든 거인을 깨워라》를 통해 토니 로빈스는 자신의 삶을 변화시킨 비법을 독자들과 공유한다. 책은 단 한 줄로 요약할 수 있다. "지금 당장, 자신의 삶을 통제하라." 얼마나 많은 작가들이 성공적인 삶을 사는 비법을 책으로 펴냈던가. 이 책이 다른 수많은 유사한 책들과 다른 점은, 독자를 자리에서 일어나 움직이게 하는 그 힘에 있다.

유튜브에서 토니 로빈스를 검색하여 그의 목소리를 직접 들어보는 것도 좋다. 토니 로빈스는 가장 중요한 질문으로 책을 시작한다. 당신이 진정으로 원하는 삶은 무엇인가? 왜 지금 그런 삶을 살고 있지 않은가? 왜 당신 내면의 거인은 잠들어 있는가? 이유는 간단하다. 어느새 삶 자체를 잠식해버린 나쁜 습관 때문이다. 아리스토텔레스에 따르면, "우리는 우리가 반복적으로 하는 행위다." 즉 습관이다. 습관은 좋은 것이든 나쁜 것이든 서로를 강화하는 경향이 있다. 나쁜 습관은 또 다른 나쁜 습관을 부르고, 악순환 속에서 삶은 곪아간다. 나쁜 습관을 좋은 습관으로 바꾸면, 습관 상호간의 선순환은 삶을 변화시키는 강력한 힘이 된다.

토니 로빈스는 많은 자기계발서를 통해 알려진 〈신경-언어 프로그램NLP〉을 활용한 훈련법을 제안한다. NLP는 가장 많이 사용하는 감각을 기준으로 사람들을 분류한다. 시각적인 사람들이 60%로 과반을 차지하고, 청각과 촉각에 의존하는 사람들이 각각 20%정도 된다고 한다. 우선, 자신이 어느 감각에 주로 의존하는지 간단한 테스트를 통해 알아보자. 눈을 감고 오감을 동원하여 상상해본다. 당신은 바닷가에 누워 있다. 따뜻하게 데워진 하얀 모래의 감촉과, 귓가를 지나가는 시원한 바닷바람처럼 소리를 느낀다. 맑고 푸른 바다는 수평선 까지 멀리 펼쳐져 있다. 어떤 감각적 요소가 상상하는 바를 가장 선명 하게 부각시키는가?

토니 로빈스는 묻는다. 지금 당장 행동하지 않는다면 그 결과는 무 엇인가? 자신에게 원하는 모습은 변화를 통해 달성할 수 있다. 변화는 행동을 통해 나타난다. 그런데 지금 당장 행동하지 않는다면, 그 결과 는 무엇일까? 그 결과는 고통의 연장이다. 지금 당장 행동에 옮기지 못하고 중요한 결정을 뒤로 미루게 되면, 당신의 삶은 예전의 악순환 고리로 돌아갈 뿐이다.

지금 현실이 자신이 원하는 모습이 아니라면, 현실을 바꾸어야 한 다. 현실을 바꾸려면, 세상을 바꾸는 것이 아니라 자신을 바꿔야 한 다. 자기 혁명이 필요하다. 토니 로빈스는 헨리 데이비드 소로의 말을 인용한다. "세상은 변하지 않는다. 우리가 변한다." 세상 돌아가는 것 이 마음에 들지 않는다고 해서 세상을 변화시킬 수는 없다. 좋은 세 상, 나쁜 세상이라는 것은 없다. 세상은 하나뿐이고, 비교 대상이 없 기 때문이다. 내가 변해야 한다. 헬렌 켈러는 또 이렇게 말했다. "삶 이란 과감한 모험이거나, 아무것도 아니거나, 둘 중 하나다." 당신의 삶은 어느 쪽인가?

《네 안에 잠든 거인을 깨워라》를 통해 배울 하나의 교훈은 바로 이 것이다. 지금 당장 자기 혁명을 시작하겠다는 결심, 당장 행동하지 않 으면 안 된다는 절박함이다. 지금 자기 혁명을 미루고 행동하지 않으 면 어떻게 될까? 미래는 당신이 바라는 바와는 전혀 다른 모습일 것이다. 그 불안한 미래를 고통스러운 감각과 연관시켜라. 당신은 저절로 고통에서 벗어나려 할 것이다.

당신은 당신을 이끄는 목표가 무엇인지 알게 되면 진실을 위해 그것을 드러내야 한다. 당신은 목표를 만드는 것이 아니다. 드러내는 것이다. 그리고 당신을 인도하는 지도가 무엇인지 찾아낸다. 당신이 어떻게 그 니즈를 채울 수 있는지를 말해주는 신념체계인 지도를 찾아내는 것이다. 어떤 사람들은 그런 니즈를 찾는 방법이 세상을 파괴하는 것이라고 생각하고, 어떤 이는 무언가를 짓거나 창조하거나 누군가를 사랑하는 것이라고 한다. 그렇다면 당신이 선택하는 연료가 되는 여섯 니즈를 알아보자.

첫 번째는 확실성이다. 이것은 목표나 소망이 아니다. 이것은 전반적인들이다. 모든 사람은 최소한 편안할 수 있을 거라는 확실성을 필요로 한다.

두 번째 니즈는 바로 불확실성이다. 우린 다양성이 필요하다. 사람들은 원치 않는 것들은 '문제'라고 부른다. 하지만 사람들은 그런 것들은 원하기도 한다. 그래서 다양성은 중요하다. 당신이 잊어버린 지 오래 되어서 다양성이 있길 바라는 거다.

세 번째 인간의 니즈는 중요성이다. 우리 모두는 자신을 중요하고 특별하고 독특하게 느끼고 싶어 한다는 것이다. 돈을 벌어서 그렇게 될 수도 있고, 좀 더 영적으로 됨으로써도 가능하다. 사람들이 몰랐으면 하는 부위에 문신이나 귀걸이를 하는 상황에서 그렇게 느낄 수도 있을 거다.

네 번째 니즈는 연결성과 사랑이다. 우린 모두 그걸 원한다. 많은 사람들이 사랑이 너무 두렵기 때문에 연결에 안주한다. 다치길 싫어하는 거다. 우리는 친밀함을 통해 우정을 통해 기도를 통해 자연 속에서 일하는 것을 통해 그것을 할 수 있다.

다섯 번째는 당신은 성장해야 한다. 우리 모두는 여기 답을 알고 있다. 당신이 성장하지 않는다면 당신은 도대체 뭐겠는가? 만약 관계가 성장하지 않고, 비즈니스가 성장하지 않고, 당신이 성장하지 않는다면, 당신이 돈을 얼마를 가졌건, 친구가 얼마나 많건, 얼마나 많은 사람이 당신을 사랑하건 간에 당신은 지옥처럼 느낄 것이다. 우리가 성장하는 이유가 우리가 나눠 줄 수 있는 무언가 가치 있는 것이 있기 때문이라고 믿는다.

여섯 번째 니즈는 우리를 넘어서는 기여를 하라는 것이기 때문이다. 삶의 비밀은 주는 것이라는 것을 우리 모두 잘 알고 있다. 우리의 삶은 나에 관한 것이 아니라 우리에 관한 것임을 우린 잘 안다. 이 사회가 알고 이 방 안의 사람들이 알고 있다.

당신이 진정 원하는 자신의 모습은 무엇인가? 지금 그 모습인가? 그 모습이 되려면 어떤 행동이 필요한가? 행동하지 않는 선택의 대가는 무엇인가? 생각해 보자. 지금 당장 행동해야 한다는 결론을 내리자. 지금 당장 행동하는 것과 당신의 이상적인 모습을 연관시켜라. 오감을 동원하여, 생생하게 그리고 그 좋은 느낌을 향하여 움직이기 시작하자. 이 모든 것은 혼자서 할 수 있는 것이 아니다. 서로의 관계에서 도움을 주고받으며 만들어진다. 사람들과의 관계인 인간관계를 통하여 이룰 수 있다. 당신은 무엇에 집중할 것인가? 바로 당신은 무엇에 집중할 것인지를 결심해야 한다. 이 순간에 의식적이든 무의식적이든 말이다. 당신이 어떤 것에 집중하기로 한 순간 당신은 그것에 의미를 부여해야 한다. 그리고 그 의미가 감정을 생산한다. 이것이 끝일까 시작일까? 신은 과연 나를 벌할 것인가 상줄 것인가? 이것이 한판의 도박 같은 것은 아닐까? 감정은 이제 우리가 하고자 하는 것과 그 행동을 창조한다. 니즈와 신념과 감정 등 당신을 통제하는 것들이다. 두 가지 이유가 있다. 여러분에게는 줄 수 있고 성취할 수 있는 많은 것들이 있다. 우리 모두는 그것을 하려고 한다. 먼저 "주십시오!"라고 말하고 싶다. 그것이 당신을 충만하게 할 것이다. 그렇게 함으로써 이 헤히는 깃이 아니라 김사힐 수 있는 깃이다. 이해는 지직인 거고 생각하는 것이다. 그보다는 다른 사람들을 움직이는 것을 좋아하라. 그것이 이 세상을 바꿀 수 있는 유일한 길이다.

4
조엘 오스틴

조엘 오스틴 목사는 우리에게는 《긍정의 힘》이라는 책으로 많이 알려진 사람이다. 하도 잘 웃어서 '웃는 목사'라는 별명으로 유명한 조엘 오스틴은 현재 미국에서 가장 영향력 있는 목사이며 최고의 인기를 누리고 있다. 젊고 활기차고 열정적인 그는 기독교계의 새로운 얼굴이다. 그는 죄인더러 회개하라고 닦달하거나 소리치지 않는다. 정치와 기요 정책 이슈보다 철저한 성경 중심으로 돌아가, 희망과 자기계발에 관한 참신하고 설득력 있는 복음을 전하고 있다.

레이크우드 교회는 조엘의 아버지 존 오스틴 목사에 의해 1959년 휴스턴의 한 버려진 사료 가게에서 탄생했다. 이후 레이크우드 교회는 꾸준히 성장했으며, 존 오스틴 목사가 세상을 떠날 때는 성도가 약 6,000명으로 늘었다. 다섯 형제 중 넷째로 보이지 않는 곳에서 방송 사역에 만족하며 살던 조엘이 아버지의 뒤를 이어 강단에 서리라고는 누구도 예상치 못했다. 아버지 존은 세상을 떠나기 전에 조엘에게 주일 설교를 부탁했다. 그리고 그 직후 조엘은 아버지의 뒤를 이으라는 '부르심'을 받았다.

조엘은 레이크우드 교회를 네 배로 키워낸다. 한 리서치 기관에 따르면, 현재 매주 30,000명 이상이 찾아오는 레이크우드 교회는 미국에서 가장 크고 가장 빨리 성장하는 교회다. 미국 전역에서 방송을 타는 조엘 목사의 텔레비전 프로그램은 미국 안방 95%와 전 세계150개국을 찾아가고 있다. 최근 닐슨 미디어 리서치는 지역별 평균 시청률에 근거, 조엘 오스틴의 프로그램을 '미국에서 가장 영향력 높은 방송'으로 선정했다. 조엘은 미디어를 적극적으로 활용함으로써 사역 범위를 휴스턴은 물론 미국을 벗어나 전세계 100여 국으로 확대시켰다. 영화배우 리처드 기어를 연상시키는 잘 생긴 외모에 겸손함과 부드러운 분위기를 풍기는 오스틴 목사는 단번에 미국 크리스천 시청자들을 매료시켰다. 수많은 '아줌마 부대'가 생겼으며 비신자들 사이에서도 그의 설교 방송을 시청하는 사람들이 급증하였다. 닐슨 미디어 리서치는 지역별 평균 시청률에 근거해 그의 설교방송이 미국에서 가장 영향력이 높은 방송 가운데 하나라고 평가했다.

미국 언론들은 오스틴 목사라 미국에서 선풍적인 인기를 끌게 된 것은 누구도 이해할 수 있는 간단명료한 설교, 적극적이고 긍정적인 태도, 삶과 신앙을 연결시키려는 노력 때문이라고 분석하고 있다. 실제로 그의 설교는 단순하다. 현대인의 언어로 성경을 해석하며 말씀을 오늘의 상황에 대입한다. 그는 "오늘의 교회는 '교회의 담'을 초월해야 하며 끊임없이 이웃들에게 다가가려는 노력을 해야 한다"고 강조한다.

조엘은 제대로 신학교육을 받지도 못했다. 오릴 로버츠 대학을 중퇴한 학력을 가지고 미국 최대 교회를 일구게 된 것은 단순한 언어로 복음을 전하는 순수성과 미디어를 최대한 이용하는 현대적 감각, 대중적 인기를 누릴 줄 아는 엔터테이먼트적인 역량 등이 어우러졌기 때문이다.

물론 미국의 일부 목회자들은 오스틴 목사의 설교에 신학적 깊이가 부족하며 예배당을 무대로, 예배를 쇼로 변질시켰다고 비판하고 있다. 그 같은 비판에도 불구하고 레이크우드 교회는 지속적으로 성장하고 있으며, 오스틴 목사는 미국에서 기독교계 최고의 스타가 되고 있다

티브이, 인터넷 등으로 쉽게 만날 수 있는 조엘 오스틴의 《최고의 삶》은 그의 긍정 시리즈 중에 하나로 볼 수 있다. '믿음이 이긴다'는 부제목으로 보면 믿음을 강요한 방법의 서적으로도 보이지만 이 책에서는 하나님이 우리에게 주신다고 약속하는 은혜에 대한 것을 이야기한다. 우리를 하나님의 자녀로 택하셨기 때문에 어떠한 상황에서도 포기하지 말고 주님을 향해 구하면 받는다고 말한다.

최선을 다하는 삶을 살았음에도 나에게 찾아오는 시련에 쓰러지지 않아야 하는 것은 하나님께서 곧 주실 은혜 때문이라고 말한다. 강요된 방법이 아니지만 전화위복의 예시를 수없이 다루며 주장을 뒷받침시킨다. 이런 비중 높은 긍정적인 요소가 하나님에 대한 증거를 소홀히 한다고 하여 많은 논란이 되고 있는 것도 사실이다. 중요한 것

은 우리가 신앙인의 자세로 어떻게 거듭나야 되는 것인가이다. 스스로 하나님의 은혜를 취하게 되기 원하는 모습, 나의 모습을 반성하고 회개하며 하나님의 진정한 뜻을 알아가는 것이 중요하다. 자신의 가장 나약한 모습, 세속적인 것을 향해 쉽게도 쓰러지는 마음을 하나님의 담대한 믿음으로 이겨나가야 한다. 책을 읽고 그대로 받는 것이 아닌 스스로가 하나님의 사람임을 믿고 하나님 원하시는 길대로 사는 방법일 것이다.

한 권의 도서가, 한 사람의 따뜻한 말이, 어떤 극적인 상황이 사람의 인생을 바꿔 놓기도 한다. 우리는 그런 기적에만 의지해서는 안 된다. 분명 도움은 될 수 있을지언정 나를 바꾸는 건 나 자신 밖에 없기 때문이다. 책에서도 말했듯이 나의 적은 그 누구도 아닌 나 자신뿐이다. 이것은 믿지 않는 사람도 누구나 다 안다. 스스로의 나약함이 모든 기회를 날리고 말아버린다고 한다.

《최고의 삶》이 강조하는 포기하지 않고 언제나 하나님이 주실 은혜를 믿으며 나아가는 방법은 하나님을 믿는 우리가 지녀야 할 가장 근본적인 것이다. 그것은 하나님은 쓰실 자를 연단시키시고 하나님의 방법으로 세우시고 복 주시기 때문이다. 그리고 우리는 하나님께 은혜주실 것을 믿고 구하고 기도하기 때문이다. 그러나 가장 중요할 것은 바로 '그리 아니하실지라도'다. 나의 뜻대로, 내가 바라고 구하는 대로 이루어지지 않을 지라도 우리는 감사해야 한다. 인간의 생각으로 깨닫지 못하는 놀라운 일을 하나님이 예비하실 테고 우리는 세상에서 받을 은사보다 천국에서 받을 큰 복을 믿고 가야 하기 때문이다.

힘든 세상 속에 지치고, 악마의 꼬임에 자꾸만 빠지는 모든 사람들에게 하나님이 우리를 택하신 놀라운 은혜, 그럼으로 우리는 매사에 긍정으로 믿고 나아가야 한다는 《최고의 삶》은 누구에게나 좋은 책이다.

그가 성공적인 이유는 사람들이 그러한 메시지를 듣고 싶어 하기 때문인 것 같다. 하나님은 당신의 자녀를 사랑하시어 건강을 주시며, 부자가 되게 한다는 교회에서는 언제나 즐거운 시간만을 가져야 한다는 메시지는 그를 성공하게 했다. 이러한 '좋은 것'의 메시지는 미국 사람들이 듣고 싶어 하는 가장 좋은 말들을 들려줌으로써 무한한 인기를 누리게 된 것으로 보인다.

그는 믿음이란 단어로 우리가 하나님께로부터 원하는 것을 얻을 수 있다고 말한다. 우스운 간증을 하나 듣자. "속도위반으로 수없이 잡혔지만, 자신의 이름을 보고 티켓을 주지 않았다. 하나님께서 좋아하는 사람들은 이런 경험을 자주 할 수 있다. 좋은 주차 자리를 언제나 찾을 수 있고, 어김없이 식당에서도 가장 좋은 자리를 얻을 수 있다." 그는 하나님을 이용하여 세상의 것을 누리게 됨이 하나님께서 주시는 축복이라 가르치는 것이다. 결국 맘몬을 사랑하는 자들만 늘리고 있다.

그의 긍정적인 사고는 오래전 로버트 슐러가 적극적인 사고방식으로 미국에 열풍을 가져온 것과 유사한 사고임을 쉽게 알 수 있다. 적극적 또는 긍정적인 사고방식이 복음과 연관이 있는 것은 사실이다. 하지만, 진정한 긍정은 하나님 나라를 향한 소망과 하나님께서 이 땅에 사는 우리에게 그 긍정을 허락하심으로만 가능하다. 그의 가르침은 하나님의 뜻과는 무관한 우리의 긍정임을 파악할 수 있었으면 한다. 그가 해온 수십 시간의 설교를 들어도 죄인과 십자가라는 단어 한 번 없는 메시지 속에서는 그저 인간의 긍정적 생각이 삶을 바꿀 수 있다는 연사의 목소리만 있을 뿐이다. 나의 긍정적인 생각과 말로 인해, 하나님께서는 나의 결혼생활과 경제여건과 직장과 더 큰 집으로 우리를 안내할 것이라고 가르친다. "오늘 기분이 어떠세요?"라고 인사하는 것보다, "내 몸아 이렇게 좋아져라" 하면 된다고 그는 말한다.

가난이 아닌 부유하게 사는 것은 하나님의 뜻이다. 빚지지 아니하고 모두 갚는 것도 하나님의 뜻이다. 병들지 않고 건강하게 사는 것도 하나님의 뜻이다. 오스틴을 기독교인이라고는 할 수 있지만, 그의 메시지에서 그리스도로 가는 길을 들을 수는 없다. 그의 메시지를 분석한다면, 구세주는 바로 나이며, 구원을 이루게 하는 것은 바로 새로운 긍정적인 태도이기 때문이다.

사가랴에게 자식을 허락하시고 9개월간 벙어리로 만드신 이유는 무엇인가? 바로 사가랴가 부정적인 말을 해서 하나님의 계획을 망칠까 봐서이다. 하나님은 우리가 하는 말의 힘을 알고 계시다. 하나님은 사가랴의 부정적인 말이 하나님의 계획을 멈추게 함을 아셨다. 우리가 말함으로 하나님은 우리를 축복할 수도, 그렇지 않을 수도 있다. 결국 죽음과 삶은 당신의 혀에 달려 있다.

최고의 삶을 사는데 중요한 것은 자신이 누구인가라는 자아상 실현이다. 세상과 삶을 위하여 베푸는 삶은 가장 중요한 것이다. 성공을 추구하는 시대에 우리들은 살고 있다. 돈을 많이 벌기 위해 사람들은 자신이 할 수 있는 모든 것에 올인한다. 사람들은 대박을 이루기 위해 여기저기 찾아다니며 표범처럼 생활한다. 자신만이 할 수 있는 것을 최고로 여기면서 블루오션을 꿈꾼다. 하지만 바르고 좋은 자아상을 실현시키기 위해 자신을 비우고 베풀며 좋은 세상 만들기에 기여하는 인생을 사는 삶을 사는 사람들은 많지 않다.

"베푸는 행위는 보험에 드는 것과 비슷하다. 베푸는 일은 하나님의 은혜를 저장해 놓은 것과 같다."

이 세상에서 정말 성공한 사람들을 보면 그들 대부분은 최고의 삶을 산 사람들이라 할 수 있다. 그들은 이기주의 자아상에서 탈 이기주의 자아상으로 자신을 바꾼 사람들이다. 성공은 받고 얻는 것에 초점이 맞추어져 있지만, 최고는 주고 잊는 것에 관심이 있다. 자신의 곤경과 필요에 따라 눈을 떼고 남에게 복을 전달하는 도구 역할이 최고의 삶을 만든다. 뿌린 대로 거두어진다. 남의 짐을 덜어주면 나의 삶도 가벼워진다. 성공하기 전에 먼저 최고가 되는 삶을 살기 위해 자아를 그려야 한다.

5
안젤리나 졸리

안젤리나 졸리는 배우 존 보이트와 배우 마셀린 버트런드의 1남 1
녀 중 둘째이다. 그러나 예전에 아버지의 성 '보이트'를 공식적으로 지
웠다. 부모의 이혼 사유가 아버지의 불륜이었기 때문이다. 졸리가 아
주 어렸을 때 보이트와 버트런드가 이혼했는데 이혼한 후에 보이트는
전처 버트런드가 어린아이들을 데리고 어렵게 사는데도 전혀 돌봐주
지 않았고 자연히 졸리는 아버지를 심하게 원망했다.

10대 초에 연기 학교에 들어갔으나 2년 만에 중퇴했다. 당시 '장의
사'가 꿈이었던 졸리는 '시체 방부 처리법'을 공부했다. 하지만 이 시
절 남자친구와 헤어지고 나서, 연기학교로 돌아갔으며, 16세 때 모델
로 연예계에 입문했다. 검은 옷만 입는 것으로 유명했다고 한다. 이후
뉴욕대학교 예술학과에 진학 졸업까지 하여 연기공부를 착실히 했다.
섹시함으로 어필하는 여배우지만, 2000년 〈처음 만나는 자유〉로 골든
글로브상과 아카데미 여우조연상을 수상한 연기파 배우다.

1997년 〈조지 웰러스〉로 골든 글로브상을 받으면서 전망이 보이

기 시작했다. 졸리는 게리 시니스가 연기한 알라배마 주지사 조지 월러스의 두 번째 아내 코르넬리아 월러스 역을 맡았다. 영화는 평론가들로부터 좋은 평가를 받으며 골든 글로브상 최우수 미니시리즈 텔레비전 영화를 비롯해 여러 상을 수상했다. 또한 졸리는 에미상 후보로 오르기도 했다.

〈툼 레이더〉 이전까지는 그리 유명한 편은 아니었다. 주로 TV 드라마나 인디 영화에서 활약했었다. 그러다 〈본 콜렉터〉와 〈처음 만나는 자유〉로 슬금슬금 주목을 받더니 〈툼 레이더〉로 성공을 거두었다. 여러모로 조니 뎁하고 비슷한 경력이다. 지금까지 많은 라라 크로프트 모델들이 나왔지만, 〈툼 레이더〉 영화에서 원작 게임의 주인공인 라라 크로프트의 '썰면 한 접시' 입술을 완벽하게 재현해낸 인물이라고 인정받고 있다.

유니세프 친선대사로 임명되는 등 인권운동가로도 활동 중이다. 국제적 봉사활동 공로를 인정받아 UN 국제시민상의 최초 수상자가 되었으며, 수많은 국제 인권상을 수상했다. 또한 2014년 영국 왕실로부터 국민훈장을 받았다.

현재까지 유니세프에 개인이 낸 가장 큰 금액을 기부했으며, 10여 년간 자비로 캄보디아, 시에라리온, 탄자니아, 파키스탄 등 30여 개국의 난민 캠프를 방문하여 이들의 처지를 알리고 국제적 원조를 받도록 도왔다. 수단의 종교탄압을 비판하다가 수단정부에서 국가방문을 금지당하기도 했다. 또한 미 국회에 접촉하여 국제 난민을 위한 법을 지정하기 위한 운동을 벌였다. 현재 캄보디아와 이디오피아 고아

셋을 입양하여 키우고 있다. 2005년에는 큰아들의 이름을 딴 매덕스 졸리 재단을 통해 캄보디아 최빈곤층에게 거주지, 수자원, 교육, 의료 등을 지원하는 밀레니엄 빌리지 프로젝트를 시작했다. 이 재단은 이후 매덕스 졸리-피트 재단으로 명칭을 바꾼 후 아프리카에서 밀레니엄 빌리지 프로젝트를 확대해나가는 중이다. 또한 캄보디아, 케냐, 아프가니스탄 등에 15개 이상의 어린이 학교를 세웠으며, 딸의 고향인 이디오피아에 자하라 어린이 병원을 건립하여 에이즈에 감염된 어린이를 치료하도록 돕고 있다.

아버지와의 사이가 안 좋았던 것은 여러 가지 이유가 있는데, 우선 아버지 존 보이트와 어머니 마셀린 버트런드는 졸리가 1살이 되던 해 이혼했다. 이후 졸리는 어머니 마셀린의 손에서 힘든 어린 시절을 보냈고, 아버지가 여러 가지로 딸의 생활에 별로 관심을 가지지 않은 상태에서 자랐었다. 이후 오프라 윈프리 쇼에 출연한 보이트가 졸리를 정신이상자로 모는 발언을 하며 둘 사이의 관계에 금이 가기 시작했으며, 이후 캄보디아 아이를 입양하는 과정에서 마찰이 생겨 둘 사이는 완전히 돌이킬 수 없이 진행되어 약 7년 간 교류가 없다가 예비사위 피트의 중재로 그럭저럭 좋아진 상태. 2009년 12월 인터뷰에서는 "메간 폭스는 내 딸하고 비교도 안 된다"라고 밝힌 것을 보면 관계를 많이 회복한 것으로 추측한다.

그러다 철이 든 계기가 된 것은 2001년도에 〈툼 레이더〉를 찍기 위한 캄보디아 방문이었다. 내전으로 인한 비참한 상황을 목격한 졸리는 자신이 너무 편하게 살았음을 깨닫는다. 이때부터 캄보디아를 정기적으로 방문하며 빈민 지원과 환경보호 운동을 시작했다. 또한 이 과정에서 졸리는 첫 아이인 매덕스를 만나게 되었는데, 매덕스를 입양하여 어머니가 된 후 자신은 새로운 사람이 되었다고 한다. 원래는 자신을 학대하는 성격이라 아이를 올바르게 키울 수 없을 것 같아서 육아를 포기하고 있었으나 캄보디아에서 봉사하며 아이들을 돌보았던 경험에서 마음을 고쳐먹게 되었다고 한다. 이후 매덕스를 키우며 캄보디아를 중심으로 봉사활동을 계속했고, 피트와 사귀기 시작하면서 둘이서 함께 국제적으로 선행의 범위를 넓혀나갔다.

안젤리나 졸리, 그녀의 변화는 세 가지 열정, 즉 자신의 선택에 당당하고, 끊임없이 변화를 추구하며, 자신만의 아름다움을 추구하는 열정을 통해 이루어낸 것들이다.

첫 번째 열정, 자신의 선택에 당당해라.

안젤리나 졸리는 유명한 영화배우인 아버지 존 보이트의 영향을 많이 받기는 했지만 자신의 이름에서 과감히 '보이트'란 성을 떼어버리고 오디션에 합격한다. 외모가 아닌 연기로 승부를 보려는 그녀의 열정은 〈지아〉, 〈처음 만나는 자유〉 같은 과감한 작품 선택을 하게 되고, 마침내 골든 글로브와 오스카를 수상하여 연기력을 인정받는다. 그녀는 사랑에 있어서도 남들의 시선에 아랑곳하지 않고 자신의 선택에 당당해 왔고, 마침내 입양한 아이들을 친자식처럼 돌보아줄 자신의 남자도 만나게 되었다.

두 번째 열정, 끊임없이 자신을 변화시켜라.

안젤리나 졸리의 성공의 자양분은 그녀의 어두웠던 과거에 있었다. 방황과 일탈을 통해 그녀는 삶에 있어서 어떤 것들이 중요한지 그리고 어떻게 자신을 변화시켜야 할지를 깨달았다. 끊임없이 연기 연습을 하며 자신의 고정된 이미지를 탈피하려고 했던 그녀는 어둡고 우울한 이미지를 극복하고 마침내 〈툼 레이더〉의 라라 크로포트로 완벽한 변신을 꾀해 큰 성공을 거두었다. 또한 영화 촬영을 계기로 캄보디아 국민들의 고통을 알게 되고, 세계의 정치적 문제에 관심을 기울이게 되어 유엔에 직접 전화를 걸어 자신이 할 수 있는 일이 무엇인지를 물어보게 된다. 그때부터 인도주의적 봉사에 참여하게 된 그녀는 마침내 유엔 친선대사가 되었으며, 가난한 나라의 아이들을 입양하는 자애로운 어머니로 변화해 갔다.

세 번째 열정, 자신만의 아름다움을 추구하라.

그녀에게도 외모 콤플렉스가 있었다. 치아교정기를 꼈고, 안경을 썼으며, 너무 말랐고, 벌에 쏘인 듯한 입술도 놀림의 대상이 되었다. 고등학교 땐 펑크족이었고, 몸 이곳저곳에 자해한 상처가 남아 있었다. 그랬던 안젤리나는 지금 누구도 모방할 수 없는 아름다움을 간직하고 있다. 그녀는 〈툼 레이더〉를 통해 건강한 몸이 가장 아름다운 몸이란 것을 깨닫게 되었다. 또한 다른 할리우드 여배우들과는 달리 자신의 브래지어 사이즈도 모르며, 구두 굽을 네 번 이상 갈아 신을 정도로 수수하기만 하다. 무엇보다 입양 자녀 매덕스를 키우면서 엄마가 된 자신의 지저분하고 헝클어진 모습에서 진정한 아름다움을 발견하는 심미안을 갖게 되었다. 그녀는 사치를 부리며 자신을 꾸미지 않지만 그녀만의 건강한 섹시 미와 짙고 긴 갈색머리, 깊은 내면을 통해 발하는 눈빛, 신념을 새겨 넣은 문신을 통해 그 누구도 부인할 수 없는 세기의 미녀가 되었다. 그리고 그 아름다움이 사람이나 생각을 움직이고 변화시킬 수 있는 권력이 될 수 있음을 깨닫게 되었다.

안젤리나 졸리처럼 자신의 삶에 열정을 바쳐라. 당신도 변할 수 있다. 근근이 오늘을 살고, 어릴 적 꿈은 잊혀진 지 오래이며, 조금이라도 위험해 보이는 도전은 시도조차 하지 않는다. 착한 여자가 되기 위해 '참을 인忍'만 되뇌고, 정치나 사회적 문제는 어렵게만 느껴진다. 이렇게 살고 있는 당신, 이대로 괜찮을까? 혹시 남이 만들어 준 기준대로 남의 인생을 살고 있는 것은 아닐까? 도대체 당신 인생에 무엇이 빠진 걸일까?' 안젤리나 졸리의 세가지 열정을 김빠진 맥주처럼 인생에서 열정이 빠진 채 시들하게 살고 있는 여자들에게 전한다. 그녀들은 너무도 평범하다. 그녀들은 열정이 빠진 삶을 살고 있는 것이다. 열정이 빠진 삶은 진짜 자기가 살고 싶은 삶이 아니다. 그런 여자들은 자칫 남의 생각으로 남의 인생을 살 가능성이 크다. 안젤리나 졸리의 세 가지 열정은 특별한 것 없는 인생을 너무도 평범하게 살고 있는 여자들에게 새로운 진화의 날개를 달아줄 것이다.

6
오프라 윈프리

　미국의 여성방송인인 오프라 윈프리는 20년 넘게 낮 시간대 TV토크쇼 시청률 1위를 고수해 왔던, 〈오프라 윈프리 쇼〉의 진행자로 유명하다. 오프라 윈프리는 1954년 1월 29일 미시시피주에서 사생아로 태어나 9세 때 사촌에게 성폭행을 당하고 마약에 빠지는 등 불우한 어린 시절을 보냈다. 그러나 1986년부터 2011년 5월까지 미국 CBS-TV에서 〈오프라 윈프리 쇼〉를 25년간 5,000회 진행하면서, 미국 내 시청자만 2,200만 명에 달하고 세계 140개 국에서 방영되었던 '토크쇼의 여왕'이 되었다. 이후 잡지·케이블TV·인터넷까지 거느린 하포주식회사를 창립한 회장이 되었다.

　흑인 최초의 《보그》지 패션모델이 되기도 했으며 1991년 달리기를 통해 107kg이던 몸무게를 2년 만에 68kg으로 줄여서 화제가 되기도 했다. 그녀의 성공은 "인생의 성공 여부가 온전히 개인에게 달려 있다"는 '오프라이즘Oprahism'을 낳기도 했다. 윈프리는 2003년 초 실시된 해리스 여론조사에서 1998년과 2000년에 이어 미국인들이 가장 좋아하는 TV 방송인으로 꼽혔으며 흑인 여성으로서는 처음으로 경제전문지 《포브스》로부터 재산 10억 달러 이상의 부자 중 한 사람으로 지목됐다. 이후 2012년까지 4년 연속 《포브스》의 고수익 유명인 1위에 오르며, 미국 내 유명인사 중 최고의 연 수입을 달성했다. 2011년 5월부터 2012년 5월까지 오프라 윈프리는 1억 6,500만 달러의 수입을 벌어들였다.

세상에는 행복한 사람도 많지만 불행한 사람도 많다. 까만 피부의 흑인, 오프라 윈프리만큼 어둡고 불우했던 어린 시절을 겪은 사람도 흔치 않을 것이다. 그녀는 1954년 인종차별이 심했던 남부의 미시시피주 코시어스코의 지독하게 가난한 미혼모에게 사생아로 태어나 어머니의 품이 아닌 할머니 손에서 거의 매일 매질을 당하면서 자라났고, 그곳에서 아홉 살 때 사촌오빠에게 성폭행을 당하였고, 14세에 미숙아 출산과 동시에 미혼모가 되었고, 아이는 태어난 지 2주 만에 죽었다. 그 이후로도 어머니의 남자친구나 친척 아저씨 등에게 끊임없는 성적 학대를 받았다. 20대 초반에는 가출하여 마약복용으로 하루하루를 지옥같이 살았다. 살고자 하는 의욕이 전혀 없는 100kg이 넘는 몸매를 가졌던 여인이었다. 그녀는 사생아였고 흑인이었으며, 가난했고 뚱뚱했고 미혼모였고 마약중독자였다.
하지만 오프라 윈프리는 지금 미국을 움직이는 막강한 브랜드를 가진 존재로 우뚝 섰다. 오프라 윈프리는 성경을 통해 감사의 마음으로 최선을 다해 자신의 자리에서 성실하게 일했다. 생각하기도 끔찍한 과거를 생각하면서도 감사했다. 매일매일의 삶에 감사했다. 미래를 향해서도 미리 감사했다. 감사한 내용을 반드시 일기에 적었다. 날마다 감사 일기를 적는 생활이 한 평생의 습관이 되었다. 그것은 하루 동안 일어났던 일 가운데 다섯 가지의 감사 제목을 찾아 기록하는 것이었다. 그런데 감사의 내용은 거창한 것이 아니고 아주 작은 일상의 것들이었다.

1. 오늘도 거뜬하게 잠자리에서 일어날 수 있어서 감사합니다.
2. 유난히 눈부시고 파란 하늘을 보게 해주셔서 감사합니다.
3. 점심때 맛있는 스파게티를 먹게 해주셔서 감사합니다.
4. 얄미운 짓을 한 동료에게 화내지 않았던 저의 참을성에 감사합니다.
5. 좋은 책을 읽었는데, 그 책을 써 준 작가에게 감사합니다.

오프라 윈프리는 자신의 감사 목록을 기록하여 인생에서 소중한 것이 무엇이며, 어디에 삶의 초점을 두어야 하는지 배우게 되었다고 고백한다. 결국 삶의 활력소이자 힘의 원천인 감사의 습관이 그녀를 강한 사람으로 만들어준 것이다. 부정적인 시각으로 보면 모든 것이 불평거리가 된다. 긍정적인 시각으로 보면 모든 것이 감사할 일이 된다.

결국에는 환경에 의하여 행복과 불행이 결정되는 것이 아니라 자신의 생각에 의해 결정되는 것이다. 세상으로부터 버림받은 삶이 마음속의 원망이 아니라 감사를 심어주어 그 감사에 의해 절망적인 불행한 삶에 위대한 기적이 일어나게 한 것이다. 충분히 감사할 수 있는 환경에 있으면서 부정정적인 생각 때문에 불행하게 사는 사람이 있다. 불평할 수밖에 없는 환경에 있으면서도 긍정적인 생각으로 감사하기 때문에 축복된 삶을 사는 사람이 있다. 세상이 불공평하다고 불평하지 마라. 자신의 입술에 자신 인생의 행불행이 걸려 있다.

"오프라 윈프리는 우리에게 자아를 합리적으로 되돌아보도록 한다. 이를 통해 혼돈을 이겨내고 자아를 잘 관리해 변화시키는 방법을 가르쳐준다. 심리적 고통이 대다수 사람들을 짓누르는 일종의 질환이 되고 행복은 성공적인 자기 관리에 있다는 문화가 팽배해진 시점에서 오프라 윈프리 쇼는 고통을 이해하고 있는 대중문화의 새로운 모습이다."라고 《오프라 윈프리, 위대한 인생》에서 이야기 하고 있다.

오프라 윈프리만의 인맥경영, 네트워크 형성 스타일은 사람 만나는 것을 좋아하고 많은 사람들 앞에서 이야기하기 좋아하는 그이지만 정작 본인은 쉽게 사람을 사귀지 못하는 성격이라고 고백한다. 하지만 한번 인연을 맺으면 아주 오랫동안 깊은 관계를 유지한다.

1976년 윈프리가 앵커로 있던 프로그램 조연출 게일 킹 범퍼스와의 관계를 통해 알 수 있다. 폭설이 내리던 어느 날 집이 먼 게일 킹 범퍼스를 윈프리가 자신의 집으로 초대해 밤새 이야기를 나누며 둘도 없는 친구가 되었다. 당시 도나휴 토크쇼에 대응 편성된 토크쇼에 대응 편성된 토크쇼이자 시청률 최하위였던 프로그램에서 윈프리에게 제안이 왔을 때 "나는 네가 도나휴를 꺾고 말 것이라는 걸 알아"라며 용기를 불어넣은 사람이 바로 범퍼스이다. 그 프로그램이 지금의 〈오프라 윈프리 쇼〉이기도 한다.

그녀는 "인맥도 재활용하라"고 권한다. 그는 자신이 가진 인맥을 100% 이상 활용해 어려운 사람을 도와주고 있다. 지난 20년간 윈프리는 저명인사나 열악한 처지의 보통 사람을 똑같이 대했으며 타인의 아픔을 자신의 아픔처럼 이해하고 공감해 왔다.

오프라 윈프리는 자신이 갖고 있는 인맥을 총동원해 다른 이들의 어려움을 해결해 주는 일도 기꺼이 담당했다. 그래서 그녀는 단순한 인기 방송인이 아니라 치유사로서 사랑을 넘어 존경까지 받고 있는 것이다. 실제 그녀는 미국의 스포츠 및 연예계 유명인사 가운데 가장 많은 자선기금을 낸 것으로 조사됐다.

오프라 윈프리는 교육이 자유와 더 나은 미래를 향한 관문이라고 믿는다. 그래서 자신이 세운 오프라 윈프리 재단과 오프라 윈프리 장학 프로그램을 통해 불우 여성과 어린이들에게 장학금을 주고 있다.

미국 내에서의 자선활동이 아닌 아프리카까지 넓혀 5만 명의 어린이들에게 음식과 의류, 학용품, 책, 장난감들을 선물하고 도서관을 지어주었다. 2005년 허리케인 카트리나가 미국 남부를 초토화시켰을 때 그는 이재민들의 재기를 돕는 자선사업을 가장 활발하게 진행했었다.

오프라 윈프리는 많은 사람들을 만나기도 하지만 책을 통해서도 간접경험을 많이 하는 열독자라고 한다. 불우한 어린 시절을 보냈지만 어렸을 때부터 책읽기를 열심히 해서 자신의 인생을 변화시켰다.

오프라 윈프리 쇼는 지금도 우리나라 케이블 방송에서 재방송된다. 사람을 사랑하고 사람들을 감동시키는 것을 알고 있는 그녀는 우리들에게 많은 감동을 준다.

대한민국의 오프라 윈프리는 누가 될 것인가? 인터넷 망이 세계에서 가장 발전한 대한민국에서 공중파만이 네트워킹을 하는 미디어는 아니다. 당신도 오프라 윈프리가 될 수 있다.

오프라 윈프리의 3, 3, 3 화법이라는 것이 있다. 단 30초의 짧은 시간 동안 내 의견을 전달할 수 있으면 성공이고, 그렇지 않으면 실패라는 것이다. 30초 안에 상대방이 관심을 보이면 3분 동안 다시 부연설명을 한다. 그리고 상대가 그 3분에 대해 집중해온다면 30분이라는 시간을 제공받는다.

사람과의 소통에서는 말의 내용도 중요하지만, 말투도 중요하다. 말은 말투를 포함하여 몸짓, 표정 등 비언어적인 요소가 결합되어 의미를 전달한다.

대화의 주도권은 말을 많이 하는 사람 쪽으로 가는 것이 아니다. 오히려 말하는 사람보다 듣는 사람 쪽이 대화에 대한 해석력이 높다. 대화의 핵심이 무엇인지, 결론이 무엇인지, 가장 정확한 판단은 듣는 쪽에서 나온다.

사람들이 오프라 윈프리의 과거를 용서하고, 다시 그녀를 주목한 이유는 단순하다. 그녀가 과거를 고백할 때, 진솔한 자세로 말했기 때문이다. 표정과 태도와 말의 내용이 과거의 잘못을 참회하고 어둠을 떨쳐내는 용기로 가득 차 있다는 메시지를 정확하게 전달한 것이다. 이처럼 그녀의 말하는 태도는 우리에게 많은 것을 시사한다.

오프라 윈프리의 대화에 있어서 진솔해야만 하는 대화란 고통의 크기를 있는 그대로 이야기하는 솔직함을 말한다. 기쁨도 그 크기대로, 고통도 그 크기대로 말하는 자세다. 이야기가 진솔할수록 전파력이 강해지고 공감하는 사람들이 늘어난다. 그렇다. 운명은 개척하는 것이다. 자신의 삶을 책임지고 지켜나가며, 발전시키는 것이 가장 중요하다. 먼 훗날에 오프라 윈프리처럼! 세계 속의 여성이 되길 꿈꾸며 인생을 살아가자. 노력하는 당신은 아름답다.

7
손정의

　손정의1957~는 일본 최대 소프트웨어 유통회사이자 IT투자기업인 소프트뱅크사를 설립한 이후 세계적인 인터넷 재벌로 떠오른 재일교포 3세다. 손정의는 1957년 8월 11일 일본 남단 규슈의 사가현 도수시, 조선인들이 모여 사는 무허가 판자촌 지역에서 태어났다. 그의 할아버지 손종경은 1914년 밀항선을 타고 일본에 건너가 광산노동자로 일했고, 식민지 생활로 인한 차별과 냉대 속에 돼지와 닭을 키우며 생활하였다. 아버지 손삼헌은 생선 행상 등으로 겨우 생계를 꾸려나가다가 파친코와 부동산 사업으로 재산을 모은 것으로 알려져 있다.

　어린 시절 '조센진'이라며 차별과 멸시 속에서도 아버지의 격려와 지원을 받으며 자란 손정의는 후쿠오카 지역 명문고에 들어갔으나, 고교 1학년 때 미국 캘리포니아 주립대학 버클리캠퍼스 영어연수를 다녀온 후 자퇴서를 내고 1974년 미국으로 유학을 떠났다. 검정고시를 통해 고교 과정을 마치고 1975년 홀리네임즈 대학교에 입학하였다. 이때부터 어린 시절 한국인이라는 차별을 견디다 못해 창씨 개명하였던 야스모토 마스요시라는 이름을 버리고 자신의 성인 손 씨를 썼다.

1977년 명문 버클리대 분교 경제학부로 편입한 손 씨는 1년에 250여 건의 발명을 해내고 일본어를 입력하면 영어로 번역해 주는 번역 장치를 개발해 1백만 달러의 계약금을 받고 팔기도 하였다. 1980년 캘리포니아 오클랜드에 유니손 월드를 설립했으나, 귀국하겠다는 부모와의 약속을 지키기 위해 일본행을 택했다.

일본으로 돌아온 손정의는 1년 반 동안 사업 구상에 몰두했다. 당시 그의 손에 들려 있는 종잣돈은 적지 않은 금액인 1억 엔이었다. 이 돈은 손정의가 대학 재학시절 전자음성번역기를 고안해 샤프에 팔고 받은 돈과, 당시 인기 있는 오락을 일본에 중계해 번 돈이었다. 또한 1980년에 미국 오클랜드에서 유니손 월드라는 회사를 설립해 운영했던 경험도 사업 구상에 도움이 되었다. 심사숙고 끝에 사업 구상을 마친 손정의는 소프트웨어 유통업을 시작하기로 결정한다.

1981년 9월, 드디어 후쿠오카의 사무실에서 자본금 1,000만 엔의 소프트뱅크를 창업했다. 직원은 아르바이트생 포함 단 3명으로 허름한 사무실에서 24세의 사장 손정의는 이렇게 시작했다. 일본 땅에서 무일푼으로 시작해 약 40여 년 만에 자신의 꿈을 이룬 손정의 그의 리더십은 바로 도전과 책임이다. 손정의는 급변하는 IT업계의 기류와 다가올 미래를 통찰해 조직의 목표를 명확히 했다. 그는 직원들에게 무한한 도전과 실험을 허락했다. 그것에서 얻어지는 성과는 고루 나누었고 그 과정에서 필연적으로 경험되는 실패와 부담의 책임은 온전히 자신에게 돌렸다.

손정의는 자신을 변화시킬 수 있는 가장 확실한 방법이자 자신 삶의 혁명이었다고 한다. 48분이란 시간은 독서 습관을 기를 최적의 시간이다. 아무리 많은 노력을 해도, 아무리 많은 지식을 쌓아도, 아무리 많은 돈을 벌어도, 아무리 눈부신 성공을 해도, 아무리 높은 지위에 올라도, 사람은 잘 바뀌지 않는다. 사람이 바뀐다는 것은 그 사람의 환경이나 조건이 달라졌다는 것도, 새로운 지식이나 경험이 더 많이 주입되었다는 것도 의미하지 않는다. 그것은 의식의 혁명적인 변화를 의미한다. 그런 점에서 진정한 혁명을 가져다줄 수 있는 것은 이 지상에서는 독서뿐이다. 그것만이 자신의 사고와 의식, 그 자체가 완벽하게 달라지게 할 수 있는 유일한 것이기 때문이다.

어떤 이는 독서를 통해 자기발전을 이루어 행복하고 성공적인 삶을 살지만, 어떤 이는 독서를 아무리 해도 혁명 같은 변화가 일어나지 않아서, 어제와 다를 바 없는 삶을 살기도 한다. 그렇다면 그 차이는 무엇일까? 그 차이는 한마디로 독서의 임계점을 통과하지 못했기 때문이다.

가장 쉬운 예가 물이다. 물이 끓어야 라면이라도 해먹을 수가 있다. 그런데 어떤 사람은 항상 물이 끓기 직전에 불을 끄는 사람들이 있다. 물론 실제로 물을 끓이는 일이야 다 끓을 때까지 기다리면 되는 간단한 작업이지만 독서의 임계점은 눈에 보이지 않고, 코로 냄새 맡을 수 없고, 귀로 들을 수도 없다. 그렇기 때문에 수많은 사람들이 독서의 임계점을 넘지 못하게 되는 것이다. 남의 책을 많이 읽어라. 남이 고생하여 얻은 지식을 아주 쉽게 내 것으로 만들 수 있고, 그것으로 자기 발전을 이룰 수 있다.

성공한 사람들의 캐릭터가 다들 다르다. 하지만 적어도 한 가지 공통된 점이 있다. 그것이 무엇인가 하면 바로 고민의 시간을 관리하고 누구보다 즉시 실행한다는 점이다. 실행을 통해 배우고 성장한다. 절대 필요 이상으로 고민하지 않는다. 고민할 시간을 1/10로 나누어서, 그 시간에 10번 실행을 한다. 철학과 전략만 분명하다면, 일단 실행하고 그 길이 맞으면 전력 질주하고, 그 길이 아니면 다시 갈 길을 찾는다. 그들은 그러한 과정을 누구보다도 신속하고 순발력 있게 실행하며 무수한 시행착오 속에서 학습하고 성장하면서 점점 강해지고, 결국 자신의 꿈을 현실화해 나간다.

손정의 사장이 19세에 만들었다는 유명한 〈인생 50년 계획〉이 있다. 20대에는 이름을 날리고, 30대에는 1천억 엔의 사업 자금을 마련하고, 40대에는 정면 승부를 하고, 50대에는 사업을 완성하고, 60대에는 다음 세대에게 사업을 물려준다는 것이었다. 지금 60대인 손정의 사장의 사업 현황을 보라. 보다폰재팬을 인수한 지 불과 2년 만에 사업을 안정적인 궤도에 올려놓았다. 그는 20대부터 사업상 위기가 참 많았지만 오뚝이처럼 계속 일어섰다. 자신의 비전을 줄기차게 실행하고 있다는 사실이 참 대단하다.

손정의 사장이 이런 말을 한 적이 있다. 의지와 야망은 결국 같은 것이다. 의지와 야망이 없으니 비전도 없다. 비전이 없으니 우왕좌왕한다. 의지라는 것은 이해타산적인 행동을 초월하게 해준다. 역시 사람이란 자신의 그릇이 있고 그 그릇만큼 사고하고 실행할 수 있는 거 같다. 손정의를 알아가면 알수록 그의 의지와 실행력은 정말 대단하다는 생각이 든다. 사람이란 자신의 그릇만큼 자신의 꿈을 실현하고 세상에 기여할 수 있고 자신의 그릇을 알아야 사람으로서의 책임이 있다. 원한다면 실행해야 한다. 실행을 하지 않고 진실을 어떻게 알 수 있을까? 실행했다면, 비록 실패했다 하더라도 죽을 때 아쉬움이 없을 거 같다.

손정의는 미국 애플의 스티브 잡스를 주목했다. 손정의는 애플의 아이팟을 보고 감동했다. 그리고 스티브 잡스에게 "아이팟에 전화 기능이 있고, 만약에 이것을 만든다면 일본에서 내가 판매하겠다."라고 제안한다. 결과적으로 2007년 아이폰이 등장했고 손정의는 아이폰 3GS의 일본 판매독점권을 획득했다.

손정의 투자 감각의 절정은 알리바바였다. 2000년도에 불과 200억 원을 투자했던 알리바바가 2014년 뉴욕 나스닥에 상장하면서 이른바 대박을 쳤다. 손정의가 알리바바 투자로 수천 배의 수익을 올리고 세계 갑부 대열에 오른 것이다. 손정의는 그러나 "나는 아직 배가 고프다"를 외쳤다.

그는 미국으로 진출한다. 미국 통신업체 3위인 스프린트의 지분을 20억 달러에 인수했다. 당시 언론들이 스프린트 인수 이유를 묻자 손정의는 간단하게 대답했다.

"왜냐고? 거기 스프린트가 있기 때문이다."

또한 그해 손정의는 게임업체인 수퍼셀을 인수했다. 이 회사를 2년 후인 2015년 중국 텐센트에 무려 102억 달러에 매각해 손정의에게 또 한 번의 대박을 안겨주었다.

손정의에 대한 비난도 있다. 일부에서는 'M&A로 사업을 확장하는 손정의식 경영'에 대해 "사업다운 사업을 하지 않는다. 기업 사냥을 통해 부를 창출할 뿐이다. 이런 무리한 확장 전략은 언젠가 부메랑이 될 것이다"라는 비판도 있다. 하지만 손정의는 이런 비판에 아랑곳하지 않는다. 그의 인생 50년 계획처럼 그는 전략적이고 글로벌적 감각으로 기업을 운영하고 있었다. 그 수단은 탁월한 직관력, 공격적이지만 치밀한 전략, 미래 핵심 사업에 대한 놀라운 통찰력이다. 그는 새로운 기술로 세상을 바꾸고, 그 세상에서 인간이 행복하게 사는 것이 최종 목표라고 말한다.

책을 읽는다는 것은 개인의 성장과 발전을 위해 대단히 유용한 것임에 분명하다. 어떤 이가 평생 동안 연구한 것을 책 한 권을 통해 얻을 수 있으니 말이다. 같은 책을 읽고도 결과가 다르게 나타나는 것은 참으로 이해할 수 없다. 그 이유를 손정의는 기적의 독서법을 인생역전 책읽기 프로젝트에 활용하라고 한다.

첫째, 독서량이 일정한 임계점을 돌파하는 목표를 설정해야 한다.

둘째, 일정 시간 안에 필요한 양의 독서를 마쳐야 한다. 여기서 말하는 임계점은 의식과 사고의 차원이 한 단계 격상되는 기준점을 말하는데, 무엇보다 중요한 것은 임계점을 돌파할 수 있을 정도로 독서를 해야 한다는 사실이다. 독서를 하되 1년이면 1년, 3년이면 3년 시간을 정해서 독서의 과제를 완수해야 한다는 것이다. 같은 양의 책을 읽더라도 3년 동안 읽는 것과 100년 동안 읽는 것은 분명 차이가 있다는 의미이다.

많은 책을 읽은 사람이 한 권의 명저를 읽은 사람보다 많은 것을 얻게 될 것이고, 많은 변화를 이룰 것이라는 의미이다. 한 권의 명저를 읽는 것은 하나의 멋진 우물을 경험하는 것이다. 그러나 아무리 크고 멋진 우물이라 할지라도 구백구십구 개의 우물보다는 크기가 작을 것이고, 그 운치 또한 비교할 수 없을 것이다. 다시 말해 아무리 좋은 책이라 할지라도 수백 권의 책을 대신할 수는 없다는 의미다. 수천 권의 책을 읽은 사람은 수천 개의 우물을 경험하는 것과 같다. 수천 개의 우물이 모이면 바다가 되는 법이다. 거대한 사고의 바다를 경험한 사람과 그렇지 못한 사람의 차이는 오직 경험한 사람, 그리고 그 경험을 통해 사고의 바다를 항해하고 정복해본 사람만이 알 수 있는 일이다.

chapter
5

언제나 시작은
가족부터

1
인간관계의 시작은 가족이다

어느 중년 부인의 고백이다.

"남편은 도대체 나한테 관심이 없어요. 정말 속상해요. 아이들을 위해서 힘들고 어려워도 업고 안아주며 키우느라 나는 못 먹고 못자고 최선을 다해 키워왔는데, 이제는 저절로 큰 것같이 외면하며 이제는 엄마인 나를 무시하고 귀찮아해요. 도대체 내가 왜 사는지? 나는 뭔가 하는 생각에 우울해질 때가 많아요. 가슴이 휑하니 뚫린 것 같고 공중에 붕 떠있는 것같이 허전한 이 마음을 무엇으로 달랠 수 있을지 모르겠어요."

이는 많은 중년 여성에게 나타나는 대표적인 증상이다. 행복해지기 위한 사람의 가장 기본적인 욕구는 가장 가까운 사람과 친근한 관계를 맺고 싶은 소속감으로 연결된다. 사람들은 그 속에서 사랑과 안정감을 누리며, 하고 있는 일과 인간관계 속에서 삶의 질과 행복의 요인을 찾게 된다.

중년기는 살아온 삶에 비교해서 훨씬 짧은 미래를 소유하고 있다.

중년은 언제 자기에게 찾아올지 모르는 미래의 죽음을 준비하고 있어야 한다. 인간은 자신의 죽음을 수용할 수 없을 때 비굴해진다. 반대로 자신의 미래 죽음을 수용할 수 있을 때, "나는 이제 죽어도 좋다"라는 고백할 수 있게 된다. 그리고 이렇게 고백할 수 있는 사람은 정신적으로, 육체적으로 건강한 삶을 계획하며 준비하고 살아갈 수 있도록 도와주는 다양한 회복프로그램이 도입되고 있다.

요즘 남편들은 아내의 위기 상황을 느끼지 못한다. 아내는 남편으로부터 사랑과 관심을 받을 대상으로 생각할 겨를도 없이 잠재의식 속에 감추어진 모성 본능으로 욕구와 필요를 바라거나 말하며 무언가를 언제든지 들어주는 엄마나 누나 정도로 생각한다.

부인의 화장하는 모습을 보고 "변장 하냐?"라고 하며 자존심에 상처를 주기도 한다. 이처럼 아내가 자아 정체성을 찾지 못하며 가족으로부터 인정받지 못하고 소속감을 느끼지 못한다면 우울증상은 심해질 수밖에 없다. 주체성을 확립할 수 없거나 내면에 많은 아픔을 외부로 풀어내지 못할 때 생기는 증상이 '화'이다.

UC 샌프란시스코 의대의 발표에 의하면, 화를 많이 내면 경동맥이 굵어지고 심장질환이나 뇌출혈에 걸릴 가능성이 많다고 한다. 또한 중년의 위기를 가중시켜 정신질환 유발과 행복한 삶을 파괴하며 때론 생명에 위협을 가할 수도 있다. 남녀를 불문하고 많은 사람들이 중년에 접어들면, 심리적 중압감을 비롯한 여러 가지 합병증으로 힘들어 한다. 사람이 40여 년을 살다보면 신체구조에 이상이 생기기 쉽다. 건강관리를 소홀히 한 사람들이라면 더더욱 질병에 노출될 확률이 높으며, 갱년기와 폐경기를 맞이하여 인생의 황혼을 느끼는 사람 또한 많다. 《죽음의 수용소》의 저자이자 의사인 빅터 프랭클에 의하면 "인간은 의미를 발견할 수 있을 때 건강해지고, 의미를 상실하며 곧 병들게 된다"고 했다.

장자의 말씀에 "사람의 마음은 무수한 현으로 된 금의 음색보다도 미묘한 것이며, 때 아닌 바람에 현이 터지기도 하고 사소한 부주의로 음조가 흐트러지기도 하는 것"이라고 인간관계의 어려움을 간파했다. 인간은 태어나는 순간부터 살고자 하고 성장하고자 하며 자손을 번식시키려 하는 본능을 가진 존재이다. 인간의 존재가치를 찾는 근거로서 인간의 사고능력을 말하기도 하지만 인간이 살아 있다는 증거는 결국, 인간을 둘러싸고 있는 모든 대상사물을 감각으로 지각하고 기억하고 추리. 판단하며, 결단하고, 행동하여 그 행동과정과 결과를 평가하고 느끼는 일련의 활동에서 나타나는 것이다. 즉, 인간은 행동하는 존재인 것이다.

인간은 행동하기 위하여 감각기관을 통하여 자신을 둘러싼 물리적 사회적 대상을 관찰하고 느끼며, 인식하며 생각한다. 문제를 인식하고 해결하여 만족해하기도 하고 불만에 빠지기도 한다. 간단한 동작에서부터 집을 짓고, 길을 만들고 거대한 공장을 만드는 등 복잡하고 다양한 일들이 있다. 수많은 사람이 힘을 합쳐야 이루어낼 수 있는 모든 활동에 이르기까지 인간은 공통된 구조를 갖고 있다. 혼자의 힘으로는 본능조차 달성할 수 없는 약하고 제한된 힘을 가지고 세상에 태어나는 것이다. 수많은 생물 중에서 가장 미완인 채로 태어나는 것이 인간인 것이다. 태어나는 즉시 제 힘으로 걷고 먹을 것을 구하고 살아가지 못하는 약하기 그지없는 것이 인간이다.

인간은 다른 인간에 의존하거나 도움을 받아야 성장하고 자기가 원하는 것을 얻을 수 있다. 또한 인간의 욕구는 다른 사람을 통하여 구하는 것이 대부분이다. 인간의 생활양태를 바탕으로 해서 인간과 인간의 관계 중 혈연적인 관계인 가정 속의 관계와 계약적 기능관계인 조직 속의 인간관계를 어떻게 개선해갈 수 있는가 하는 것이 평생 동안의 과제인 것이다. 인간이 태어나면서부터 최초의 관계는 가정 속에서 시작된다. 그것은 사랑의 관계로 출발하며, 홀로 설 수 있을 때까지 부모와의 관계, 가족과의 관계 부부와의 관계로 발전해간다. 가정 속의 관계성장에 절대적인 영향을 미친다.

요즘 신문의 사회면을 장식하는 내용 중에는 가정관계의 상실로 수많은 문제가 발생하고 있다. 온갖 사회범죄가 가정관계의 부재로 비롯되고 있음을 알 수 있다. 한 남자와 여자가 만남에 있어 처음부터 꼭 들어맞는 잘 어울리는 관계라서 원만하고 행복하게 살아간다고 말할 수 있을까? 사랑의 마음으로 양보하고 배려하고 격려하면서 조화 있는 가정을 꾸리기 위한 지고한 노력이 있을 때 화목한 가정의 관계가 형성될 수 있을 것이다.

인간관계는 크게 두 가지만 잘 지켜도 무난하다. 남 탓하지 않고 자기부터 돌아보는 태도와 역지사지하는 습관이다. 이 두 가지가 몸에 밴 사람은 문제도 별로 없지만, 문제가 생겨도 원만히 해결할 수 있다. 문제가 생기면 남 탓부터 하는 사람은 항상 본인을 피해자라 여겨 주변을 적으로 만든다. 시각이 삐딱하니 세상이 삐뚤어 보인다. 이런 사람과 오해를 푸는 건 풀어도 푸는 게 아니다. 어떤 식으로든 앙금이 쌓인다. 이걸 해결하는 게 역지사지다. 뭔가 꺼림칙한 게 있으면 상대 관점에서 사안을 처음부터 짚어 보는 거다. 그러면 안 보이던 게 보이기 시작한다. 거기서 자기 잘못을 발견했다면 깔끔하게 인정하고 다음부터 안 그러면 된다. 이런 태도가 있다면 싸웠어도 관계가 더 좋아질 수 있다.

하지만 이게 어려운 이유는 자존감이 강해야 가능한 행동이라 그렇다. 자존감이 약한 사람은 관계보다는 자존심을 먼저 챙기기 때문에 상대와의 관계가 망가진다는 사실 자체를 인지하지 못한다. 그래서 막말도 쉽게 한다. 당연히 사과도 못 한다. 사과하면 지는 것이라 생각해서 그렇다. 좋은 인간관계는 자존감에서 출발한다. 자존감이 빈약하면 내가 없으니 너도 없는 셈이다. 관계도 내가 있을 때 상대도 있는 것이니 먼저 나부터 단단하게 만드는 게 우선이다. 하지만 자존감 부족은 여간해선 해결하기 어려운 부분이라 인간관계가 엉망인 사람은 늘 그런 상태를 벗어나기 어렵다.

가정의 위기를 잘 넘기 위해서는 절대적 인간관계의 사랑이 필요하다. 사랑의 의미는 인간과의 심도 있는 만남에서, 예술과의 만남에서, 그리고 자연과의 만남에서 가능하다. 특별히 중년기 위기에 처한 사람들은 사랑의 의미 충족으로 큰 도움을 받을 수 있다. 먼저 이웃과의 만남을 통해서 사랑과 인정의 욕구가 충족된다. 최우선적인 만남은 가족들과의 만남이다. 인간관계에서 얻는 상처는 인간관계를 통해서 치유하는 길이 제일 건전한 방법일 것이다.

인간의 건강한 생명을 유지하기 위해 필수적으로 섭취해야 할 영양분이 있다면 사랑을 체험하는 데서 오는 신비의 영양소와 가족 형제자매와의 만남에서 오는 영양소이다. 믿음, 사랑, 신뢰가 살아 움직이는 공동체를 만나면 누구나 거기에서 사랑과 인정을 체험하게 되고, 자신의 아픔을 함께 나눌 수 있는 가족을 통해 치료될 수 있다. 인간의 행복은 상당 기간 지속되는 강하고, 다양한 상호의존성과 애착 관계를 통해 이루어진다. 이는 멀리 있는 것이 아니라 가까이에서 찾아야 한다. 언제나 행복하고 긍정적인 인간관계를 위하여 노력하는 것은 가족에서부터 시작이다. 우울증, 질병, 삶의 고통을 치료하는 최고의 명약이기도 하다.

2
내 가족 소중한 줄 알아야

옛 속담에 "피는 물보다 진하다"라는 말이 있다. 그만큼 혈육의 정이 깊다는 말이다. 역사적으로 오랜 시간 동안 유교사회에 살아오면서 우리에게 가족은 하나의 성城과 같이 자신을 당연히 지켜주는 역할을 했다. 공동체의 가정, 기본적인 단위 '가족'은 시간과 공간을 초월하여 존재해 온 기본적인 집단이고 보편적인 사회 제도다. 사실 가족만큼 소중한 것은 없다. 그런 소중한 사람들과 함께 있기 때문에 우리는 가족 안에서 평안과 행복을 추구한다. 그래서 화목한 가정에서 성장한 사람은 어려운 상황 속에서도 쉽게 희망을 포기하지 않고 극복해 나가는 모습을 보여준다. 가족이라는 든든한 버팀목이 있기 때문이다. 이처럼 가족의 소중함은 수십 번 강조해도 지나치지 않다.

괴테의 말처럼 "왕이든 농부든 자기 가정에서 기쁨을 찾는 자가 세상에서 가장 행복한 사람이다"라는 명언도 있지 않은가? 이 명언은 사랑을 받는 가정에서 자라나는 어린이는 장래가 보장될 수 있기에 더욱

와 닿는다. 어릴 때부터 부모의 사랑을 듬뿍 받고 자란 어린이는 성장해서 성공할 확률이 많다는 것이다. 그렇다면 문제아가 왜 생기는가. 문제아의 문제를 아이에서 찾으면 안 된다. 문제의 아이는 문제 부모로부터 생겨난다. 문제 부모는 문제 가정에서 발단이 된다. 서로 의지하고 사랑하며 존경하는 부모 밑에서 자라나는 어린이는 성장해서도 사랑을 남에게 주며 남을 존경하는 사람이 된다. 하지만 문제의 부모, 문제의 가정에서 자라나는 어린이에게서는 그것을 기대할 수 없게 된다. 가족과 가정의 소중함은 세기적 인물이 인류에 공헌한 사례에서도 찾아볼 수 있다. 지금부터라도 가족에 대한 사랑을 표현하며 살아가는 자세가 필요하다.

최근 남편의 보험금과 재산을 노린 부인이 내연남과 짜고 니코틴을 과다 복용시켜 살해한 사건, 또 20대 이모가 말을 듣지 않는다는 이유로 3살 조카의 목을 조르고 물속에 머리를 집어넣어 살해한 사건은 충격적이다. 이 외에도 어느 시에서 일어난 술 취한 아들이 어머니를 목 졸라 살해한 사건, 아들과 딸이 70대 아버지를 죽인 사건, 남편과의 불화로 22개월짜리 아들을 목 졸라 살해한 비정한 엄마, 부부싸움 끝에 잠든 아내를 살해하고 6살 딸에게 흉기를 휘두른 중학교 교사, 스포츠 해설가이자 스케이트 코치 모씨의 불륜녀인 현직 중학교 여교사가 친모 살인을 청부했다가 실행을 구형받은 사건 등등 존속살인에 관한 뉴스를 접할 때마다 안타깝고 억장이 무너진다.

가족이란 부부를 중심으로 한 가장 작은 단위의 사회공동체이다. 예전에 우리나라는 전통문화인 대가족제도를 유지하면서 가족 간의 사랑이 자연스럽게 세습되어 왔었다. 급격한 산업화에 따른 인구의 도시집중화와 핵가족화가 진행되었다. 이로 인해 자녀나 부부 간에도 가족 간 대화나 대면이 부족하여 많은 사회적 갈등이 빚어지고 있다.

가정이란 인생의 출발지요 종착지이다. 인생의 첫 만남이 이루어지고 삶의 마지막 이별을 하는 곳이다. 가장 사랑하는 사람이요, 가장 소중한 사람이 바로 가족이다. 가족과의 관계를 통해서 내가 누구인가를 알게 되고, 삶의 행복과 사랑하는 법을 배우게 된다. 가족이란 조건 없는 사랑과 용서를 경험하게 해주는 사람들이다. 세상 모두가 나를 비난하고 욕해도, 가족은 내 입장을 이해해주고, 내 편이 되어 주어서 나와 함께하는 동행인이다.

세상에서 시달리고 피곤해져도 가족의 품으로 돌아오면 마음 편히 쉴 수 있고, 회복이 이루어지는 곳이 바로 가정이다. 아무리 맛있는 식당이 있다 하더라도 몇 번 먹으면 질린다. 하지만 집밥은 매일 먹어도 질리지 않는다. 주문을 잘못 해도 괜찮고, 반찬이 부족해도 괜찮은 편안한 식사가 바로 집에서 먹는 식사이기 때문이다.

세상에서 아름답다는 관광지를 다 다니면서 감탄을 하더라도, 집처럼 편안한 곳은 없다. 여행의 피로를 씻어주는 곳이 가정이기 때문이다. 휴식하기 가장 편안 곳, 안식하기 가장 좋은 장소는 가정이다. 그러나 현대인의 가족 경험은 그다지 행복하고 좋은 기억만 있는 것은 아니다. 왜 그럴까? 조건 없는 사랑을 받고 용서를 경험해야 할 장소가 서로를 이해하지 못해서 싸우기 때문이다. 아무리 좋은 가족이라 하더라도 서로를 이해하고 사랑하지 못하면, 고통을 줄 수 있다. 따라서 우리는 가족이란 무엇이고, 가정은 어떤 곳이 되어야 하는지 깊이 생각해야 한다. 왜 우리 사람은 가정에서 태어나고, 성장하게 되었는지 그 뜻을 깨달아야 한다.

우리는 늘 함께 있으면서도 느끼지 못하며 살아온 가족과 가정의 소중함을 깨우치고 가족이 무엇인지 생각해 볼 필요가 있다. 가족 간의 갈등을 최소화하고 화목한 가족관계를 영위하기 위해서는 무엇보다도 사랑이 전제되어야 한다. 그 사랑의 전제조건은 다음과 같다.

첫 번째, 가족 간에 친밀감 유지다. 친밀감이란 가깝고 편안하게 느껴지는 것이며 함께 공유하는 것, 또한 서로 잘 이해하고 의사소통이 원활한 것이다. 그리고 따뜻하고 푸근하게 느껴지는 정신적 상태를 말한다.

두 번째는 열정을 가져야 한다. 열정이란 늘 함께하고 싶어 하고 하나가 되고 싶은 마음을 느끼는 것이다.

세 번째는 가족을 위해 헌신해야 한다. 헌신이란 사랑하는 가족과의 사랑을 지키겠다는 마음가짐으로 책임의식을 가지고 가족을 위해 희생하는 측면이다. 우리들은 부부는 물론 모든 가족과 늘 가까이에서 마주보며 함께 생활하고 있기에 소중함을 잊고 지낸다. 만약 서로 바라보고 지켜주며 마음의 의지가 되는 가족이 곁에 없다면 세상 속에 홀로인 것처럼 외롭고 공허한 마음일 뿐이다. 살아가야 할 의미가 사라지는 것이다. 사랑하는 가족이 없다면 많은 재물을 모으고 부귀영화를 누린다고 한들 무슨 의미가 있으며 즐거움이 있겠는가?

언젠가 언론보도에 가족 없이 혼자서 평생을 모은 100억대의 재산을 어느 대학교에 기부한 한 할머니는 "많은 돈보다 단출한 가족이 더 필요했고 늘 그리웠다"는 말을 남겼다. 그렇다 비록 무관심하고 무뚝뚝한 남편일지라도, 또한 바가지나 긋고 잔소리가 심한 아내라 할지라도 서로에게는 보이지 않은 그늘이자 마음의 버팀목인 것이다. 남편과 아내 그리고 가족이라는 이름은 세상 속에서 자신이 꿋꿋하고 당당하게 살아갈 수 있도록 해주는 힘의 원천인 것이다.

부부는 가까워질수록 서로 상처를 받게 되며 상처를 받으면 치유하는 과정이 필요하고 이 치유는 서로 용서를 통해 이뤄지는 것이다. 좋은 부부란 친밀하고 책임 있는 부부다. 친밀은 사랑하고 사랑을 받도록 서로 개방하는 것이며 책임은 사랑하기로 결심한 삶을 매일매일 살아가는 것이다. 곁에 있기에 소중함을 잊고 사는 가족! 자신의 아내와 남편 그리고 가족들을 한 세상 다하는 마지막 순간까지 마음을 다해 사랑하자.

가족보다 소중한 것은 없다. 우리가 꿈과 이상을 갖고 살아야 하는 이유도 바로 가족이 아니겠는가? 꿈과 소망을 함께 키우며 사랑의 동반자로 함께 가는 세상에 둘도 없는 소중한 사람이 바로 자신의 남편이고 자신의 아내이며 사랑하는 가족이다. 자신의 가족이 있기에 행복하다.

많은 사람들은 고통이 있느냐 없느냐, 아니면 재물과 권력을 가졌느냐 가지지 못했느냐를 기준으로 행복을 판단하려고 한다. 그러나 행복의 판단은 믿음이 있느냐 없느냐를 기준으로 삼아야 할 것이다. 이는 믿음만 있으면 어떠한 상황에서도 희망을 간직할 수 있고 그 희망을 통해서 진정한 행복에 도달할 수 있기 때문이다. 깊은 믿음 속에서 가족 사랑을 통해 화목하고 행복한 가정이 이루어진다. 다시 한 번 가정을 되돌아보며 가족의 소중함을 일깨워 나가야 한다.

가족과 가정의 소중함은 세기적 인물이 인류에 공헌한 사례에서도 찾아볼 수 있다. 지금부터라도 가족에 대한 사랑을 표현하며 살아가는 자세가 필요하다. 지금이라도 부부의 사랑을 확인하고 부모와 자식, 형제·자매 간의 사랑도 확인해볼 필요가 있다. 세상 그 누군들 가족보다 더 가까운 사람은 없기 때문이다. 가족과 함께 실화를 바탕으로 구성된 영화를 관람해보는 것도 좋다. 영화를 통해 가족이 얼마나 소중한지 깨닫는 계기가 될 것이라 확신한다. 그리고 가족과 함께 여행을 하며, 즐겁고 좋은 추억을 쌓아가며 가족의 소중함을 느껴보는 것도 좋은 방법이다. 또한 사랑하는 가족끼리 마음을 담아 사랑의 편지를 주고받아 보는 것이다. 현대사회는 SNS와 인터넷 이메일 등으로 인해 손 편지를 주고받는 것이 먼 나라의 이야기가 된 지 오래다. 그러기에 가족의 사랑을 느낄 수 있는 편지야말로 최대의 선물이 아닐 수 없다.

3
무조건 참는 것이 전부는 아니다

　동서고금을 막론하고 남자가 눈물을 흘리는 것을 반겨하는 풍토는 없다. 그래서 남자는 일생에 세 번만 울어야 한다는 말도 있다. 그 말을 뒤집어보면 "울 일이 많이 있지만 눈물은 세 번만 보이라"는 뜻이 분명하다. 결국은 꾹꾹 눌러서 참으라는 말인데 왜 참아야 하는 것인지에 대하여서는 해석이 제각각이다. 어느 자리에서든 남자는 약해 보여서는 안 된다는 것이 그 첫 번째이다. 또 약해 보여서 안 되는 이유는 바로 남자, 곧 '사나이'이기 때문이라는 논리인데 그 속에는 '가족과 무리와 국가를 이끌어야 하는 사람'이기 때문이라는 생각도 들어 있다. 그래서 남자들의 세계에서 눈물은 나약함의 대명사처럼 여겨져 왔다.

　어릴 적부터 남자이기 때문에 울고 싶은 것도 꾹꾹 참았던 기억들을 모든 남자들이 가지고 있다. 그럴 때마다 옆에서는 할머니나 엄마들이 "어이구 장하다 역시 남자라서 울지를 않네." 하면서 '사나이'를 부추겼다. 사내아이들은 몸이 아프든 마음이 아프든 그래서 눈에 눈물이 그렁그렁하게 되어도 그것이 흘러내리지 않도록 애쓰는 훈련 아닌 훈련을 받아 왔다. "남자가 돼가지고 그만한 일에 우나?" 그래서 핀잔과 책망이 곁들어진 이 말이 원망스러운 적도 많이 있었다. 하지만 사실 그 내면을 들여다보면 남자들의 눈물은 언제나 마음속에 질척하다. '흐르는 눈물'이 여자들의 전유물이라면 '삭히는 눈물'은 남자들의 전유물이다. 어딘가 아무도 없는 곳에서 엉엉 소리치며 펑펑 울고 싶은 때가 남자들도 종종 있다는 것은 남자들만의 비밀을 폭로하는 것이 아닌지 모르겠다.

인생을 살면서 조심해야 할 일이 많겠지만 가장 경계해야 할 일은 '분노'가 아닐까 한다. 한순간의 분노는 자신이 공들여 쌓아온 삶에 돌이킬 수 없는 구멍을 내고야 만다. 분노는 총구가 자신을 향해 있는 총과도 같아서 분노의 방아쇠가 당겨지면 자기 영혼의 화약고가 터져버린다. 결국 분노는 자신을 쏘는 일이다. 또한 화를 참지 못하면 결국 대인관계도 망친다. 화를 낸 다음 엄청난 후유증을 한 번쯤 생각해야 한다. 망가진 관계를 회복하기 위해 수개월, 수년 동안 수많은 노력을 기울여야 하는 경우가 허다하다. 때로는 평생 돌이킬 수 없는 상태로 전락할 수도 있다. 더 나아가 주변 사람들의 삶도 시들게 만든다. 우리는 참아야 한다고 하면서도 화를 내고 시원해 한다. 하지만 화를 내야 속이 풀리는 사람이 되어버리면 우리는 평생 화를 내면서 살아야 한다.

한 번 참았다면 또 참자. 참지 못한다면 작은 일이 큰일로 번질 수 있다. 참을 만큼 참았다고 결국 분노를 터뜨린다면 애초부터 참지 못한 것과 같다. 백 번 참다가 한 번 터뜨리면 결국 못 참은 것이다. 결국 분노에 대한 인내는 한 번 해서 될 일이 아니라 마지막까지 끝까지 지속해야 비로소 빛을 보는 것이다. 그런데 문제는 화를 무조건 참으면 언젠가는 한꺼번에 폭발하게 마련이고, 스트레스가 극심해 자신의 육체와 정신을 멍들게 한다. 분노의 감정은 아무렇게나 내다버리는 쓰레기도 아니지만 그렇다고 마음의 금고에 꼭꼭 숨겨 보관해야 할 황금도 아니다. 담아두고 발효시키는 것만이 상책은 아니다. 때문에 분노를 적절히 배출시키는 자신만의 탈출구를 마련해야 한다. 그때그때 화를 풀 수 있는 자기만의 노하우와 그 방법을 찾아야 한다.

살아가면서 전혀 스트레스를 받지 않는 사람이 있을까? 하지만 남 앞에서 우는 사람은 많지 않다. 특히 한국 남성의 경우 대다수가 눈물을 보이는 것 자체를 부끄럽게 여기기 때문이다. 속상한 일이 생겨도, 분노가 치밀어도, 남자들은 애써 눈물을 참아왔다. 그러다 보니, 울고 싶어도 눈물이 나오지 않는 경우도 많다. 울음을 참기만 한 오랜 습관 때문에 막상 울려고 하면 눈물이 나오지 않는 것이다. 하지만 울음은 인간이 세상에 태어난 후 가장 먼저 자신의 의사를 표현하는 언어 수단이다. 모든 아기는 태어나자마자 울음을 터뜨린다. 아직 말을 배우지 못한 아기는 배고플 때, 아플 때, 졸릴 때, 짜증날 때에도 우는 것으로 엄마에게 신호를 보낸다.

눈물은 수분과 나트륨, 라이소자임, 글로불린, 스트레스 호르몬, 망간 등 여러 효소와 항체로 구성돼 있다고 한다. 감정이 복받쳐 흘리는 눈물은 대뇌의 전두엽에서 뇌관으로 신호를 보낸다. 그것을 받은 뇌관에서 눈물을 내보내게 된다. 즉 자극에 의한 눈물보다 감정에 의한 눈물은 전두엽이라는 한 단계를 더 거치는 것이다. 감정에 의해 흘리는 눈물에는 카테콜아민이라는 스트레스 호르몬이 훨씬 많이 포함돼 있다고 한다. 이는 곧 눈물을 흘림으로써 스트레스 호르몬을 밖으로 내보낼 수 있다는 얘기다. 스트레스를 받은 뇌는 위기 상황에 대처하기 위해 더 많은 에너지가 필요하다는 신호를 보내고 부신에서 만들어진 카테콜아민은 혈관을 타고 이동해 심장 박동을 촉진한다. 이 같은 스트레스 호르몬이 몸에 쌓여 있으면 심장을 압박해 심장병과 고혈압 등의 질병을 유발시킨다. 그러기에 스트레스를 받을 때마다 마음이 느끼는 대로 울면 심장병, 고혈압, 암 등 각종 질환의 위험을 크게 줄일 수 있다는 것이다. 슬픔이 밀려오면 참지 말고 울어라. 눈물을 통해서 스트레스를 밖으로 내보내는 것이 건강에 좋다.

살다보면 때로는 어떤 감정을 느껴야 할지, 어떤 감정인지가 헷갈릴 때가 많다. 감정은 자연스럽게 올라오는 것이라고 했지만, 도무지 자연스럽지가 않을 때가 있다. 이런 혼란은 특히 화와 슬픔 앞에서 더 커진다. 아주 단순하게 말하자면 화는 침해에 대한, 슬픔은 상실에 대한 감정반응이다. 그런데 감정에 대해서조차 성 차별화된 억압이 존재해 왔다. 여성들이 화내는 것을 은밀하고 집요하게 억누르는 사회이다. 화가 날 때마다 여자답게, 애교 있게, 부드럽게, 지혜롭게 화내기를 요구한다. 이렇게 되면 화나는 감정이 선명하고 자연스럽게 떠오르지 않을 뿐 아니라 화를 다룰 수 있는 방법이 풍요로울 수 없다. "분노를 드러내본 경험이 많지 않다.", "자신의 분노를 사회가 인정하지 않는다." 두 조건이 충족되면 분노를 다룰 방법으로 지나치게 단순한 선택지만을 갖게 된다. 참거나 폭발하거나 두 가지의 선택지만 갖는나.

폭발은 누구에게나 부담스러운 대응이고, 많은 경우 적절하지 못하다. 감정적인 폭발 이후에 감당해야 할 뒷일도 골치가 아프다. 오히려 더 큰 문제를 불러일으킬까봐 두렵다. 자꾸만 회피하려고 한다. 선택지가 두 가지 밖에 없는 상황에서는 폭발시키지 않기 위해 참는 것을 선택하는 일이 잦다. 일이 커질까 봐 참아왔던 많은 일들은 실은 커져야 하는 일들이었다. 일이 '커지는' 것에 대해 오직 폭발과 끝장, 이른바 '너 죽고 나 죽고' 식의 해결책밖에 상상할 것이 없다면 많은 사람들은 없던 일로 묻어둘 수밖에 없을 것이다. "일이 커지면 너도 곤란해지잖아." 학교에서, 집에서, 어디서든 들어봤음직한 말이다. 마치 두 선택지가 있는 것처럼 보이지만 그냥 참으라는 말이다.

이것은 분노에 대한 해답이 아니다. 분노에 대한 해답은 경청이어야 한다. 더 많은 해결방법을 상상하고 실천해야 한다. 두 가지 사이에 있는, 꺼짐과 켜짐 사이에 있는 셀 수 없이 다양한 대안이 있다는 것을 알아야 한다. 참거나 끝장나거나가 아니다. 폭발하지 않으면 듣지 않기 때문에 폭발하는 것이다. '나만 참으면 돼.' 이런 생각은 공정하지 않다. 누구도 참아서는 안 된다. 화는 딸깍 켜지고 꺼지는 스위치가 아니라 꺼짐과 켜짐 사이에 있는 다이얼이다. 상대가 화를 낸다고 나도 덩달아 화를 내는 사람은 세 번 패배한 사람이다. 상대에게 끌려드니 상대에게 진 것이고, 자기 분을 못 이기니 자기 자신에게 진 것이며, 아무도 가깝게 오지 않아서 늘 외롭고 쓸쓸하게 된다. 바람을 향해 던진 흙이 오히려 자신을 더럽히는 것과 같이, 우리가 화를 내는 것은 남을 해치기 전에 먼저 자기 자신을 해치게 된다. 자신에게 맞는 '분노 진정 스위치'를 발견해서 과열되었을 때 그 버튼을 눌러 멈출 수 있는 현명한 분노 대처가 필요하다.

직접 표출하는 대신 분노의 내용을 백지에 글로 옮겨 풀어 보자. 험한 말을 잘하기로 유명한 소설가 마크 트웨인은 누군가 자신을 화나게 할 때마다 그 사람에게 편지를 썼다. 하지만 그 편지는 부치지 못했다. 그의 부인이 그가 험담으로 가득 찬 편지를 쓰는 대로 다 없애 버렸기 때문이다. 현명한 아내를 둔 덕분에 마크 트웨인은 화를 풀면서도 상대방에게 피해를 주지 않을 수 있었다. 또한 눈을 감고 마음속으로 숫자를 세거나, 기분 좋은 상상을 하거나, 소중히 여기는 가족의 얼굴을 떠올려 보자. 물론 당장 화가 치미는데 이런 생각까지 하기는 쉽지 않다. 하지만 많은 사람들이 마인드 컨트롤로 마음을 다스리고 있기도 하다. 분노의 마지노선은 대개 하루를 넘지 않는다. 따라서 내가 지금 화를 낼 경우 상대방을 모욕하는 이야기만 할 것 같으면 일단 하루만 참아보자. 다음날이 되면 대개는 그렇게 화를 낼 일이 아니었다는 사실을 알게 된다.

그리고 슬픔이 밀려오면 참지 말고 울어라. 남자라는 이유로 참는 것만이 능사는 아니다. 눈물을 통해서 스트레스를 밖으로 내보내는 것이 건강에 좋으니 스스로 감정을 다스리는 훈련을 하자.

4
주는 것만큼 받는다는 진실

웃음 나오는 재미있는 이야기다. 놀부와 흥부가 죽어 지옥에 도착해보니 똥 그릇과 물 그릇이 따로따로 준비되어 있었다. 그때 저승사자가 말했다. "둘 중에서 상대방 얼굴에 바를 그릇을 선택해서 발라라." 놀부는 말이 떨어지기가 무섭게 똥 그릇을 들고 흥부 얼굴에 바르기 시작했다. 흥부는 엉겁결에 멍하니 서 있고, 놀부는 신나게 똥을 흥부 얼굴에 처발랐다. 다 바르고 나자, 저승사자가 말했다. "자 그럼 이제부터 상대방의 얼굴을 핥는다."

준 대로 받는다는 말이 있다. 최고를 받으려면 최고를 주고, 최악을 받고 싶으면 최악을 주면 된다. 결국 받을 것을 결정짓는 것은 주는 것이다. 세상에서 행복을 받고, 성공을 하고, 기쁨을 얻는 가장 간단한 방법은 바로 먼저 좋은 것을 주는 것이다. 돈이 많지 않다고? 별로 가진 게 없다고? 걱정하지 마라. 모든 사람에게는 웃음이 있다. 먼저 웃어주면 그 사람에게 가장 소중한 사람이 된다. 그리고 먼저 웃으면 인생이 당신을 향해 미소 지어 줄 것이다.

이기심은 탐욕의 기반이고, 탐욕은 악의 근원이다. 한 사람이 신에게 천국과 지옥의 차이를 물어보았다. 신은 곧바로 답하는 대신 직접 지옥을 보여주었다. 지옥에 있는 사람들은 솥에 음식이 가득 담겨 있는데도 음식을 먹지 못해 나뭇가지처럼 빼빼 말라 있었다. 숟가락 손잡이가 너무 길어서 음식이 입에 닿지 않았기 때문이다. 다음으로 신은 이 사람을 천국으로 데려갔다. 지옥과 같은 솥, 같은 숟가락을 쓰고 있었지만 천국 사람들은 모두 즐겁게 식사를 하고 있었다. 어째서일까? 바로 서로 먹여주고 있었기 때문이다. 단순하지만 매우 심오한 진리를 담고 있는 이야기다. 삶의 모든 일은 사람과 사람 사이의 소통과 도움이 반드시 필요하다. 서로 사랑하고, 돕고, 아낌없이 주다 보면 천국과 같은 삶을 살 수 있다. 그러나 이기적이고, 냉정하고, 제멋대로 살아가면 그곳이 바로 지옥이다. 다른 사람의 도움을 받기 원한다면 주는 법부터 배워야 한다.

이영자가 MBC 〈전지적 참견 시점〉에서 송 팀장과 신입 매니저를 살뜰히 챙겨줬다. 코다리찜 맛집을 찾아 맛있게 먹는 법을 알려줬고, 동대문시장으로 쇼핑을 가 옷도 사줬다. 이영자를 보고 배운 송 팀장은 신입 매니저에게 한방통닭으로 사랑 대물림을 실천했다. 이영자가 등장했으니 먹방이 빠질 수 없었다. 녹화를 끝낸 이영자는 송 팀장, 신입 매니저를 코다리찜 맛집으로 데려갔다. 이영자식 코다리찜 먹는 법은 식욕을 자극하기에 충분했다. 포를 뜨듯 코다리 살을 발라내고, 밥을 비벼먹는 먹방 전수에 송 팀장과 신입 매니저는 감탄했다. 특히 신입 매니저는 엄마처럼 맛있는 것을 챙겨주는 이영자에게 감동을 받은 듯 울컥 하는 모습이었다.

이영자는 옷이 별로 없는 신입 매니저를 위해 근무 환경에 맞는 옷을 직접 골랐다. 몸으로 뛰는 일이 많은 신입 매니저이기에 활동성과 편의성을 감안, 세심하게 '신입룩' 코디를 해주며 누가 봐도 만족할 만한 옷을 세 벌이나 샀다. 신입 매니저의 얼굴에서는 미소가 떠나지 않았다. 또한 이영자는 송 팀장에게도 팀장의 직책에 걸맞은 세련된 옷을 골라줬다. 이영자를 집으로 데려주고 난 후, 송 팀장은 따로 신입 매니저를 데리고 어딘가로 향했다. 이영자가 추천한 적이 있는 한방통닭집이었다. 송 팀장은 이영자가 그랬듯, 한방통닭 두 마리를 사서 신입 매니저에게 안겨주며 김치를 얹어 먹는 먹방 비법까지 전수했다. 객지에서 올라와 혼자 사는 신입 후배에게 전하는 선배의 따뜻한 사랑을 엿볼 수 있었다.

이영자는 VCR을 통해 자기가 몰랐던 매니저들의 이런 모습을 지켜보면서 감회에 젖는 모습이었다. 그는 선배 개그맨 전유성을 떠올렸다. 자신이 신인이던 시절, 전유성이 포장마차로 데려가 마음껏 시켜먹으라고 해 200만 원어치나 음식을 시켰던 일화를 밝혔다. 이영자는 "전유성 선배님이 '내게 신세 갚을 생각 마라. 네가 선배가 되면 후배들에게 이렇게 해주면 되는 거다'라고 말하셨다"며 자신이 왜 주위 사람들과 후배들을 각별히 챙기는지 설명했다. 이영자는 〈전지적 참견시점〉을 통해 송 팀장에게 애정을 담아 베푸는 모습을 자주 보여 왔다. 송 팀장은 이제 신입 매니저를 교육하면서 후배를 따뜻하게 챙기고 베푸는 모습을 보였다. '내리사랑'이란 그런 것이다.

건조한 사막에서 불어오는 모래바람에 사람이 휩쓸리는 일이 자주 일어난다. 한 탐험가가 역시 이 사막을 건너다가 거대한 모래폭풍을 만나, 수중의 음식이 모두 휩쓸려갔다. 설상가상으로 길마저 잃어버린 탐험가에게 남은 것은 물 한 통뿐이었다. 그는 길을 찾으려고 이틀 내내 걸었지만 여전히 사막을 벗어나지 못했고, 마실 물마저 다 떨어졌다. 그런 와중에 계속 걸어가던 탐험가의 눈에 조그만 집이 보였다. 그는 흥분해서 집 안으로 들어갔지만, 바람도 통하지 않는 집에서 음식도, 물도 없었다.

집 뒤편으로 나가니 펌프가 있어서 얼른 물을 퍼올리려 했지만, 아무리 펌프질을 해도 물 한 방울 나오지 않았다. 탐험가는 완전히 낙담해서 주저앉아 탄식했다.

"이제 다 끝났구나. 마실 물도 없이 사막을 벗어날 수 있을 리 없어."

그런데 갑자기 펌프 옆에서 코르크 마개로 막아놓은 병 하나가 눈에 들어왔다. 병에는 누렇게 변색된 종이가 붙어 있었는데, 다음과 같은 말이 적혀 있었다.

"물을 얻고 싶다면 우선 펌프 위로 이 물을 붓고 펌프질을 하시오. 하지만 꼭 기억하시오. 떠나기 전에 이 병에 물을 가득 담아놓아야 합니다."

마개를 열어보자 병 안에는 정말 물이 가득 담겨 있었다. 탐험가는 갈등하기 시작했다. '만약 종이에 쓰인 말대로 했는데 물이 안 나오면 어떡하지? 물이 없으면 살 희망도 없어지고 말 텐데.'

결국 탐험가는 고민 끝에 종이에 쓰인 대로 병 안의 물을 모조리 아주 오래되고 낡은 펌프 안에 부었다. 그리고 탐험가는 떨리는 손으로 펌프질을 시작했다. 얼마 후, 정말 물이 솟아올라왔다. 탐험가는 물을 한 세 병 정도 마신 후, 자신의 물통에도 물을 가득 담았다. 그리고 병에도 물을 가득 담고는 코르크 마개로 잘 막아 두었다. 탐험가는 올바른 선택을 하게 되어 다행이라고 생각했다.

"만약 그때 이기적인 마음으로 병 안의 물을 혼자 다 마셨다면 아마 내 생명은 사막에서 끝났을 겁니다."

탐험가는 올바른 선택으로 자신의 생명을 구했다. 만약 그가 이기적인 마음으로 욕심을 부려 혼자 그 물을 마셔버렸다면, 그는 살아남을 수 있었을까? 당연히 그러지 못 했을 것이다.

곰곰이 생각해보면, 얻으려고 하기보다는 주는 것을 통해 진정한 삶의 즐거움을 누릴 수 있다. 마치 이 노래 가사처럼 말이다.

"당신 대신 짐을 지고 가겠소. 마음에 근심을 담아두지 말기를. 내 사랑으로 당신이 가는 길을 비추어주겠소. 당신을 향한 따뜻한 눈빛으로, 내 모든 것을 다 내어주어, 당신을 향한 나의 진심으로 당신의 모든 어려움을 잊게 하기를. 장미꽃을 받아주시오, 당신의 삶이 희망으로 가득하도록. 장미꽃을 받아주시오, 내 손에는 그 향기만이 가득하도록."

맛있는 음식을 해 놓고 친구를 불러 함께 먹으면, 맛있게 먹는 친구의 모습에 만족감을 느낄 수 있지 않은가? 또한 아끼는 물건을 선물하면 기뻐하는 상대방의 모습에 당신 역시 기쁘지 않은가?

세상에 공짜는 없다. 어차피 인생은 주는 만큼 받는 것이다. 남의 잘못이나 실책을 트집 잡거나 타인에게 해악을 끼치면, 반드시 그에 상응하는 대가를 치르게 된다. 남에게 덕을 베풀면, 그 음덕이 널리 퍼질 것이다. 당대에 복을 못 받을지라도 후대에는 반드시 복을 받게 될 것이다. "덕은 결코 외롭지 않다"《목민심서》의 한 구절로 가슴 뛰는 내용이다. "덕을 베푸는 것, 남에게 주는 것은 결코 외롭지 않다"는 다산의 말이 '원가의 보상'만을 바라는 소인배에게는 크나큰 기쁨과 힘찬 격려로 와 닿았기 때문이다.

"주라 그리하면 내가 흔들어 차고 넘치도록 부어 주리라"는 성경의 말씀을 덧붙인다.

믿음의 바탕에는 양보, 즉 상대를 먼저 배려하는 마음이 있다. 자신이 하고 싶은 것을 상대에게 먼저 하게 하고, 자신이 갖고 싶은 것을 상대에게 먼저 갖게 하는 마음이다. 어떤 일에 자신이 먼저 상대를 이롭게 했을 때, 다음에는 상대가 자기를 이롭게 한다. 주는 만큼 상대에게서 받는 법이다. 자신이 주는 만큼 상대에게 받으려 하지도 말아야 한다. 이상하게도 자신이 누군가에게 은혜를 베풀게 되면, 그 보답을 또 다른 누군가에게서 받는 일이 있다. 전유성 선배가 이영자에게 베푼 사랑이 후배들에게 돌아가는 것처럼 베풀게 되면 누군가에게 돌아간다. 살다보면 그러한 이치는 거듭거듭 반복되면서 돌고돌게 된다. 그렇게 끊임없이 누군가에게 도움을 주고 또 받기도 하면서 우리는 함께 살고 있다는 것을 깨닫게 되고 세상은 살기 좋은 사랑으로 넘치게 될 것이다.

5
신화는 없다

　일생동안 문 밖에서 기다리다가 그 자리에서 죽은 사람이 있었다. 한 번도 문 안으로 들어가 보지도 못하고 문 밖에서 서성거리다가 죽을 무렵이나 되어서야 문지기에게 안으로 들어가지 못하게 지키는 이유가 무엇이냐고 물었다. 그러자 문지기는 반가워서 말했다.

　"이 문은 당신 문입니다. 당신이 말하면 문을 열어 드리려고 여기에 있었습니다."

　그 소리를 듣고 땅을 치고 후회했지만 이미 때는 늦은 뒤였다. 문지기에게 열어달라고 부탁을 했거나 열어 보려고 노력을 했더라면 벌써 그 문 안으로 들어갈 수 있었을 것이다. 하지만 저절로 문이 열리기만을 바랐기 때문에 그 문을 들어설 수가 없었던 것이다.

　자신의 삶을 사는데 자신이 선택하지 않고 자신이 시도하지 않으면 아무것도 이루어낼 수 없다. 그 누구도 도와주지 않는다. 자신이 의도하지 않아도 저절로 이루어지는 것은 나이 먹는 것 밖에 없다. 우리는 세상을 살면서 늘 이렇게 시도하지 못한 것에 대해 후회를 하며 살고 있지는 않은가?

매일 아침 사과를 먹으면서도 사과 한 개에 우주가 담겨져 있다는 어느 시인의 말을 귓등으로 들었다. 사과, 배추, 흔하디 흔한 과일과 채소를 먹으면서도 감사한 줄 몰랐다. 그것들을 자라게 한 해와 바람과 비, 구슬땀을 흘린 농부들의 손길을 생각하지 못했다. 그저 언제나 당연 그 자리에 놓여 있는 것 인 줄 알았다. 손만 뻗으면 무엇이든 잡을 수 있는 세상에 살면서 잊고 사는 것이 얼마나 많을까. 아침에 일어나 눈을 뜨고 화장실 가고, 아침밥을 먹고, 직장에 나가서 일을 하고, 다시 보금자리로 돌아와 잠자리에 드는 일상 속에 숨어 있는 모든 것에 대한 고마움을 몰랐던 지난날이다. 그 모든 일이 당연한 것이 되기까지 지극한 정성과 눈물, 고통을 마주했던 시간이 필요했다.

손바닥 위에 올려진 작은 대추 한 알. 이 작은 한 알이 둥글게 붉어지는 데에도 그토록 긴긴밤과 낮이 필요했다. 걷고 뛰고 말하고 생각하는 인간이야 말로 다 할 수 없다. 수박 반쪽보다도 가벼운 무게로, 어느 동물보다 가장 미숙한 상태로 태어나 버둥거리는 거 밖에 할 수 없는 작은 아이가 저 혼자 먹고, 자고, 싸는 그 날이 오기까지는 수없이 많은 낮과 밤, 태풍과 벼락이 필요했다.

세상의 모든 조화가 저절로 되는 건 하나도 없다. 모든 결과엔 다 나름의 원인이 있다. 세상만사 모든 것은 오로지 자신의 생각과 행동으로 인해 기인된 것이다. 어느 날 우연히 온 것 같은 최악의 상황은 오랫동안 자신이 그곳으로 시나브로 다가간 결과다. 또한 어느 날부터 웬지 잘 풀리는 일, 잘 나가는 자신, 그 또한 그간 꾸준히 준비해온 결과다. 세상은 유독 자기에게만 행운을 주지는 않으며 자기에게만 불행 또한 주지도 않는다. 우연히 운 좋거나 운 나쁜 것은 어쩌다 한 두 번이다. 노력 없이 벼락같이 떨어진 행운이 궁극적으론 자신의 행복에 도움이 안 된다는 것을 너무나 잘 안다. 또한 운 나쁘게 닥친 일시적 시련 또한 발목을 잡을 수 없다. 지혜롭게 대처하는 방법을 연습한 사람에겐 불운 또한 비켜간다. 그게 공평한 세상이고 우주의 조화다. 오늘도 온 우주가 자신을 위해 운행하도록 긍정적으로 점진적으로 기본에 충실하게 간다. 자기의 일거수일투족 생각 하나도 우주의 조화에 부합하고 있다. 참으로 아름다운 세상이다.

예전이나 지금이나 개천에서 용이 나는 것은 어렵고 손가락에 꼽을 정도로 드문 일이다. 신분이 엄격하게 정해져 있었던 조선시대만 해도 아무리 똑똑하고 재능이 있어도 신분이 미천해서 제대로 된 교육도 못 받고 말없이 자기 분수대로 살아야 했었다. 가끔 운 좋게 인재를 보는 눈이 뛰어난 높은 사람을 만나 인생이 바뀌는 경우도 있기는 했지만 말이다. 차츰 신분의 경계가 사라졌고 사람들이 교육의 힘을 깨닫게 되었다. 없는 집 부모도 어떻게 해서라도 자식들을 교육을 시키게 된 덕분에 개천에서도 용이 나오게 되었다. 우리나라는 전후 시대에는 모두가 어려웠던 시절이었다. 시골에서 상경해서 공장 일이나 아르바이트로 돈을 벌었다. 밤잠 줄여서 틈틈이 공부만 한 사람들이 대학에 들어가 졸업한 뒤 성공하는 경우가 많았다. 지금과 달리 그 시절에는 대학만 들어가도 대단한 성공이었다. 요즘에는 갑질, 금수저, 달관 세대, 흙수저, 88만원 세대, 386세대, 40, 50대 책임론, N포

세대, 헬조선, 아프니까 청춘이다, 열정페이, 노력충, 낙하산 인사, 허니문 푸어 등등 신조어가 수도 없이 터져 나오면서 개천에서 용난다는 말이 의미가 없어지고 있다.

우리나라는 관료주의가 확고하게 짜여 있어서 이를 거슬러 획기적인 성공을 거두는 사람은 나오기 쉽지 않다. 개천에서 계속 용이 나오기 위해서는 기회의 평등을 보장해주는 것이 중요하다. 하지만 사교육이 판치는 지금 빈곤층 자녀들은 아무래도 부유층이나 자녀들보다는 더 좋은 교육을 받을 기회가 상대적으로 부족하다. 정보화 사회가 시작되면서 인터넷 강의 등 지역과 계층 간의 격차를 보다 축소시키는 도구들이 등장했지만, 오로지 서울로 가는 인서울, 서울 공화국 현상이 뚜렷해졌다.

요즘 시대에 개천에서 용이 나오는 것은 볼 수 없다고 한다. 특히 사법시험은 개천에서 용 나오는 대표적 사례였는데 사시는 폐지되었고 로스쿨에 반드시 진학해야 자격증을 얻을 수 있다. 그럼 로스쿨을 공부만 잘한다고 들어갈 수 있을까? 로스쿨에 입학하고 그 과정을 모두 끝내기 위해서는 서민들은 함부로 꿈꾸지 못 할 만큼의 돈이 든다. 즉, 의자에 하루 종일 앉아 있다고 변호사가 되는 시절은 지났다. 돈이 있어야 한다. 이런 면에서 사법시험은 꽤나 공정한 시험이었다.

이제는 정말 노력해도 안 되는 세상일까? '혹자'들은 이렇게 말한다. 저렇게 노력해봤자 안 된다. 어차피 될 놈은 되고 안 될 놈은 안된다. 금수저면 노력하지 않아도 성공할 수 있다고 생각한다. 우리는 항상 내가 노력하지 않아서 생기는 일에 변명을 만들어 책임을 묻는다. 시험 점수가 낮은 것에 "문제가 이상했어." "옆에 애가 너무 시끄러워서 집중을 못 했어." 자신의 노력 부족은 실패의 좋은 이유가 되지 못한다. 노력했으나 목표를 성취하지 못한 사람에게 "거봐 노력해도 안 된다니까? 안 될 놈은 안 돼"라며 남의 탓으로 돌리기 바쁘다.

노력은 배신하지 않는다는 생각을 계속해서 상기시켜야 한다. 목표의 성취는 결국 '꾸준한 노력'이라는 것을 사실로 받아들이고 진리로 받아드릴 필요가 있다. "운이 좋아서 합격했어"라고 말하는 사람은 겸손한 사람이다. 사실 그는 '나는 꾸준히 노력했는데, 운도 좋아서 합격 했어'라고 말하고 싶었을 것이다.

만약 주위에 위에 언급한 '혹자'가 있다면 앞으로 이렇게 말해보자.

"노력해도 안 되고 금수저도 아니고 될 놈인지 아닌지도 모르는데 도대체 뭘 해야 합니까? 그냥 넋 놓고 바라만 보고 있어야 하나요? 당신은 노력 대신 무엇을 하고 있나요?"

노력이 반드시 성공을 가져올 거라고 믿는다. 아직 우리 사회는 노력을 필요로 하는 사회이고 노력의 대가는 성공으로 연결 될 것임을 믿는다. 꾸준히 노력하자. 자신이 실패했던 이유는 시험이 어려워서도 아니고 운이 안 좋아서도 아니다. 노력이 부족했기 때문이다. 자신의 실패에 다른 변명을 달지 말자.

특별한 날 기다리지 마라. 그런 날은 고작 일 년에 몇 번이다. 하루하루를 특별하게 만들어라. 모든 것은 자신의 맘에 달렸다. 오늘이 가장 소중한 날이다. 때가 되면 어떻게 하겠다는 생각을 버려라. 할 수 있으면 마음먹었을 때 바로 실행하라. 언제나 기회가 있고 기다려줄

거 같지만 모든 것은 때가 있다. 그때를 놓치지 마라.

샤킬 오닐의 어머니가 해준 이야기이다.

"나중이란 누구에게나 오는 게 아니야!"

그 한마디가 그의 인생을 바꾸어놓았다.

"지금 최선을 다해라. 절대 나중을 기다리지 마라. 뒷자리에서 얼쩡거리지 말고 누군가를 목표로 삼고 따라잡겠다는 의지를 불태워라. 그렇지 않으면 아무 것도 얻을 수 없다. 열정을 다해 노력해라. 그러면 반드시 보상을 받을 것이다."

하루 단위로 목표를 검토하고, 그 목표에 맞추어 행동하라. 10분이 되든 10시간이 되든 목표에 초점을 두다 보면 여러분은 목표를 향해 나아가고 있을 것이다. 오늘 무엇인가를 하라. 앞으로 나아가려고 한다면, 움직이기 시작해야 한다. 아기 걸음이라도 전혀 걷지 않는 것보다 낫다. 그리고 아기들은 실제로 빨리 움직인다. 지속적인 행동만이 당신이 원하는 결과를 낳을 것이다. 목표를 확인하라. 당신에게 가장 중요한 목표들에 초점을 맞추고 그것들을 지금 실행하라.

기다리지 말고 찾아가라. 고민하지 말고 실행하라. 실패를 두려워하지 말고 실패에서 배워라. 더 노력하라. 자기 계발에 열정을 다하라. 성공한 사람에게 배우고, 성공한 사람의 수준에 맞춰야 성공한다. 성공에 집착하지 말고 가치 있는 일을 하라. 남 눈치 보지 말고 자기 하고 싶은 일을 하라. 세상에 신화는 없다. 남들이 보기에는 신화처럼 보이지만, 성공에 쏟아 부은 땀과 피와 열정을 몰라서 하는 말이다.

6
즐거운 집

　가난에 지쳐 사고를 친 어떤 사람의 이야기다. 3남 2녀의 둘째로 태어났다. 당시에는 지독스런 가난과 고통 속에서 자라나 어린 시절의 뼈가 시릴 정도의 가난에 한이 지금까지도 가슴에 남아 있다. 육신으로 힘들게 노동일을 하면서 대가족을 이끌어 오신 아버님의 한숨과 힘들어하시던 모습이 눈에 선하다. 한 잔 술에 가난을 등에 업으시고 하루하루를 가족들을 먹여 살리기 위해 살아가셨던 아버지의 모습이 눈물겹다. 고통과 한숨만큼 늘어가는 술이 급기야는 우리들에게 공포의 아버지가 되게 했던 것이다. 그럼에도 그는 열심히 기술을 배워 취직하여 돈을 벌게 되었다. 하지만 혼자 벌어서는 부모형제와 제 가족의 생활비가 턱없이 부족했다. 일을 마치면 혼자서 술을 마시는 습관이 있어 한 많은 가난과 돈으로 인한 고통 속에 차츰차츰 힘을 잃고 좌절이 시작되어 지쳐만 갔다.
　만취하는 날이 늘어감에 따라 폭력, 폭행 등 서울 시내 각 경찰서마다 내 집 드나들 듯하게 되었고 급기야 가정이 파탄될 지경에 이르렀다. 더욱더 그의 주사는 더해가고 폭행과 폭력이 난무했다. 그러다 큰 사고가 일어나고 말았다. 그 날도 술에 취해 비틀거리며 활보하던 중 동네에서 시비가 붙어 서로 싸우다가 상대가 사망하는 살인죄를 저지르고 말았다. 징역 12년을 선고받고 영어의 몸이 되고 말았다. 그 사이 그의 아내는 열심히 신앙생활을 하면서 두 딸을 신앙 속에서 엄하고 착실하게 키우며 시장에서 일하고 빌딩 청소부로도 일하며 꾸준히 이 못난 사람을 수많은 세월 동안 징역 수발했던 것이다.

이 모든 것이 가난에서 시작된 것이다. 행복과 돈은 관계가 없다고들 하지만 그게 아니다. 삶을 사는 데 가장 기본이 되는 것이 돈이다. 돈이 없어 가난한 삶을 사는데 부부싸움이 일어나지 않을 수 없다. 참으로 천사 같은 저의 아내, '이제 출소하면 아내를 위해 뼈가 가루가 되도록 열심히 일해 아내를 위해 살아가리라' 하며 굳은 결심을 하였다.

캐러밴은 이동식 주택을 뜻하는 말이다. 그러나 2018년 캐러밴으로 불리는 대규모 중미 이민자 행렬이 미국 국경 앞에 집결하면서 이 단어는 전 세계 난민 문제를 집약적으로 드러내는 표현으로 자리매김했다. 한 해 동안 미국뿐 아니라 유럽도 난민 문제로 씨름을 했다. 고향의 폭력과 가난을 피해 짐을 꾸린 캐러밴은 온두라스와 과테말라를 지나 장장 4350km를 달렸다. 지난해 온두라스 산페드로술라에서 160명으로 시작한 행렬은 이틀 만에 1,600명 수준으로 불어났고 같은 달 28일 과테말라와 멕시코 국경에 도착했을 때는 3,000명이 넘었다. 멕시코 정부는 "캐러밴을 막지 않으면 지원금을 삭감하겠다."는 미국의 엄포에 군대를 동원해 국경 폐쇄에 나섰지만, 이들의 미국행을 저

지할 수 없었다. 멕시코와 미국 국경 인근에 도달한 캐러밴은 출발 한 달여 만에 사상 최대 수준인 7,000명을 넘어섰다.

도널드 트럼프 대통령은 트위터를 통해 캐러밴 행렬을 거칠게 비난했다. "범죄자들과 알 수 없는 중동 사람들이 섞여 있다"며 캐러밴 행렬을 '미국에 대한 침략'으로 규정했다. 중미 이민자를 연쇄 살인범에 빗댄 선거 광고가 등장했다. 뉴욕타임스와 CNN 등은 트럼프 대통령이 중간 선거를 앞두고 "이민자에 대한 공포를 부추기고 있다"고 비판했지만, "트럼프 대통령에 비판적인 언론이 미국의 국경 보안에 대한 우려를 가짜 또는 증오로 만들고 있다"는 보수진영의 반론도 이어졌다.

현재 멕시코 국경도시 티후아나의 임시보호소에는 약 6,000명이 머물고 있다. 그러나 이들에게 놓인 선택지는 많지 않다. 난민 신청이 끝날 때까지 미국 땅을 밟을 수 없다는 트럼프 대통령의 방침은 여전히 완강하기 때문이다. 이런 국제적 분쟁이 되고 있는 캐러밴 행렬도 가난으로 인한 폭력을 피해 탈출하는 것에서 시작되었다.

돈이 모이면 대부분 집부터 산다. 모은 돈 전부를 투자해 집 한 채가 재산의 전부인 사람들도 많다. 어느 순간부터 삶의 터전인 집이 물질적 가치에만 의미를 두고 사는 집의 온도는 대리석처럼 차갑고 살벌하다. 인테리어가 잘되어 있는 비싸고 멋진 집이 아니라 가족들의 소양과 정신이 담긴 정서적 가치가 있는 집이 되길 바란다. 온기가 있고 살고 싶은 집이 되기 위해서는 물리적 공간을 넘어서서 집을 향해 따뜻한 시선을 보내야 한다. 아웅다웅거리며 시시콜콜한 이야기까지 나누며, 화기애애함이 함께하는 가족들이 살아있는 그림 속 풍경이 된다. 그 풍경은 그대로 집이라는 틀의 액자가 된다. 그래서 추억이 되고 마침내 스토리는 완성된다.

인간의 생애가 시작되는 근원적 공간, '집宅' 아버지의 아버지, 또 어머니의 어머니는 옛날식 가옥에서 태어나 마당과 마을, 동네 공터를 놀이터 삼아 뛰놀며 자라났다. 그리고 생명이 세상과 마주한 첫 공간인 방房, 그 안에서 어른이 되어 가족을 일구고 일생을 보내던 세대를 지냈다. 지금 우리는 최첨단 도시의 환경 속에서 집이 주는 아늑함을 누리고 있다. 집이라는 말보다 주택이라는 용어가 더 빈번하게 사용되는 요즘, 집은 서정적 상징보다는 경제적 자산 가치와 동일시되곤 한다. 그럼에도 현대인은 여전히 옛날의 고향 같은 공간을 찾아 헤매고 있다. 어머니의 자궁 속처럼 아늑한 동굴 말이다.

"집집마다 있던 툇마루가 사라지고 카페가 그 기능을 대신하고 있듯, 과거에 집안에 갖춰져 있던 기능들이 이제는 도서관과 카페, 식당 같은 곳으로 아웃소싱 되고 있다. 그런 면에서 도시도 우리들의 집의 일부로 봐야 하지 않을까?"하고 되물어 본다.

집은 영원히 휴식의 공간으로는 남을 거다. 조용하고 안전한 상태에서 질 좋은 수면을 취하고 어느 누구의 방해도 받지 않아야 된다. 밖과는 완전히 다른 공간이 되길 바라는 것이다. 그래서 생각하는 이상적인 미래의 집은 '세상과 잘 연결된, 작지만 쾌적하고 안전한 동굴'이다. 자연의 채광, 환기, 대피가 가능한 인간다운 공간. 이 작지만 쾌적한 동굴들이 많이 공급돼야 한다고 생각한다. 시민으로서 또는 소비자로서 여러 가지 공유 서비스를 계속해서 요구하고 관철시켜내고, 대신에 집은 상상의 공간, 휴식의 공간으로 잘 가꿔 가면 되지 않을까 생각한다. 우리는 더 나은 도시를 가질 권리가 있고, 타인의 시선과 간섭으로부터 자유로운 안전하고 쾌적한 자신만의 동굴에서 마음껏 휴식할 권리가 있다. 그리고 이 두 가지는 분리된 것이 아니다. 왜냐하면 도시가 바로 우리의 집이기 때문이다. 집이 가지는 의미는 단순히 우리가 잠을 자고 밥을 먹고 휴식을 취하는 것 이상의 의미를 가진다. 인류의 초창기부터 집은 외부의 자연환경과 위협으로부터 우리를 보호해 주었다. 현대 사회에 와서도 본인이 소유한 집이 주는 안정감은 다른 어떤 자산의 소유와도 비교 자체가 되지 않는다. 안식처를 생각하면 대부분 집을 생각할 것이다. 자신이 돌아갈 곳은 집이니까 그렇다.

하루 종일 직장에서, 그리고 밖에서 일하다가 집에 돌아가면 편안해야 한다. 마음을 놓고 푸욱 쉴 수 있는 공간이어야 한다. 밖에서 받았던 스트레스를 풀 수 있는 공간이면 더 좋다. 즐거움까지 함께할 수 있으면 금상첨화일 것이다. 하지만 현실은 이상과 괴리가 많다. 세상살이가 녹녹치 않기 때문이다. 자식들 걱정으로 언성이 높아지기도 하고, 당장 돌아오는 카드대금 막을 길이 없어 다툼으로 이어지기도 한다. 공간으로서의 집에 대한 것과 생활의 빠듯함에서 느끼는 집은 차이가 많다. 그럼에도 편안하고 즐거운 분위기를 만들어가야 한다. 가족이 다함께 만들도록 노력이 필요하다. 즐겁고 편안한 집을 만들기 위해서 집에서 가족이 함께 독서하는 습관을 만들어 보는 것을 권하고 싶다. 가족이 함께하는 취미가 있어서 좋고, 책을 통하여 마음을 정화할 수 있어서 다툼으로 이어질 수 있는 것을 예방할 수 있다.

"1년을 넉넉하게 살고 싶으면 벼를 기르고, 평생을 풍요롭게 살고 싶다면 독서습관을 길러라"는 말이 있다. 인간의 요체는 육체에 있지 않고 정신에 있기에 그렇다. 사람은 독서를 통해서 자기를 구축한다. 독서는 사람을 만든다. 도서관을 통해 독서의 행복한 순환이 시작된다. 독서를 하면 기분이 좋아진다. 주변에 있는 사람들도 덩달아 기분이 좋아진다. 가족 간에도 마찬가지다. 기분 좋은 모습, 행복한 표정은 모두에게 값진 보물이다.

요즘처럼 경제가 어려워 흥망성쇠가 요동치는 상황에서는 독서밖에는 스스로를 도울 방법이 없다. 책 속에서 성찰하고 그 해답을 구해야 한다. 성공하고 싶으면 지혜로워져야 한다. 지혜로워지고 싶으면 지혜로운 사람들이 수천, 수만 명이 모여 있는 책의 세계로 가야 한다. 마음이 혼탁해졌을 때, 용기를 잃었을 때, 늘 책에서 마지막 해답을 찾아야 한다. 평생 책 읽으며 살아도 부족하다.

책은 영혼을 가꾸는 좋은 양식이다. 가족끼리 함께 읽고, 서로 책을 추천하고, 책을 읽음으로 좋은 사람이 되고 좋은 가족이 되자. 책을 읽는 이유는 식구마다 다르겠지만 자신의 상황이나 처지에 맞는 책을 골라 읽으면 된다. 책은 '읽어야 하는 것'이 아니라 '읽고 싶은 것'이어야 한다. 그래야 독서열이 뜨겁게 달아오른다. 책 읽는 가족은 행복하고 아름답다. 책 읽는 가족이 보여주기 식이 아니라 가정독서운동으로 번져나가기를 간절히 기대해 본다. 그렇게 되면 집집마다 즐거움이 가득하게 될 것이고, 온 나라가 행복한 선진국으로 발돋움할 것이다.

7
지도 밖으로 행군하라

    한 일꾼이 있었다. 그 일꾼의 일은 호수에서 물을 길어다가 주인이 지정한 큰 통에 물을 가득 채우는 것이었다. 처음에는 작은 물지게로 물을 길어다가 나르기 시작했다. 하지만 물을 채우러 가는 도중에 돌부리에 걸려 넘어지거나 쏟아버리기 일쑤였다. 그리고 남은 물을 주인이 말한 통에 넣어봤자 그 양은 너무 적었다. 그래서 일꾼은 조금 더 많은 양의 물을 옮기기 위해서 조금씩 큰 물지게로 바꾸어 나갔다. 큰 물지게로 물을 길어 나를 때에도 돌부리에 걸려 넘어지기도 하고 흔들거리다가 쏟기도 하였다. 그리고 물지게가 커진 만큼 무게가 상당해져서 옮기기가 쉽지는 않았다. 하지만 한 번에 많은 양을 길어 나를 수 있었기에 그는 열심히 길어 날랐다. 주인이 지정해준 그 통이 다 차고 나면 주인은 갈수록 조금씩 더 큰 통을 지정해 주었다. 통을 한 개 한 개 채워갈수록 일꾼은 더 나은 방법으로 주인이 정해준 통을 채워 나갈 수 있었다. 일꾼은 자기도 모르게 많이 성장해 나가고 있었다. 때론 힘들고 지쳐 일을 그만두고 싶기도 했다. 하지만 자신에게 주어진 일인 만큼 끝까지 최선을 다하였다. 그 결과 주인은 일꾼의 성실함을 보고 큰 상을 내려 주었다.

미국의 논리학자 알프레드 코집스키 박사는 "지도는 영토가 아니다"라는 말을 했다. 우리가 하는 말과 실제 현실이 다르다는 것을 설명하기 위한 것이다. 여기서 지도란 우리 생각 속의 현실을 은유하며, 영토는 실제의 현실을 의미한다. 그는 사람들이 대개 생각 속의 현실과 실제 현실을 혼동하며 살고 있고, 두 가지를 혼동하고 있다는 것조차도 모른다고 주장한다. 사람들은 다른 이들과 소통할 때 우리 모두가 똑같은 지도를 그리고 똑같은 세계를 공유하고 있다고 생각한다. 바로 여기에서 갈등과 충돌이 발생한다. 자신이 생각하고 형상화하는 것과 다른 사람의 그것과는 엄연히 다르기 때문이다.

사람들은 똑같은 식사를 하고 같은 행사를 보고, 같은 책을 읽을 수 있지만, 매우 다르게 경험을 지각한다. 우리들 각자가 세상에 대해 지각하는 매우 개별적인 지도를 가지고 있으며, 어차피 존재하는 외부의 현실 세계를 이해하기 위해서 무언가를 선택하고, 생략하고 일반화 해버린 '독자적 지도'를 가지고 있을 뿐이다. 우리의 행동 방식을 결정하고 그 행위에 의미를 부여하는 것은 현실 그 자체가 아니라 현실에 대한 지도일 뿐이다. 그러므로 일반적으로 우리를 제한하는 것도, 힘을 실어주는 것도 현실이 아니라 오히려 현실에 대한 우리의 지도인 것이다. 그 지도는 우리의 정체성에 관해 믿는 것, 신념과 가치관, 태도, 기억과 문화적 배경 등에 기초해 있다. 사람들의 지도가 다르기 때문에 모든 사람의 지도가 동등하게 유효하다고 할 때, 당연히 우리의 지도도 옳나고 생각할 수 있다. 때때로 타인이 지니고 있는 세상 지도가 이해되지 않을 수도 있지만, 우리 모두가 이해와 참을성을 조금 가진다면 우리의 삶을 풍부하게 해줄 수도 있다

다시 말하면 화자와 청자, 정보를 제공하는 사람과 수용하는 사람이 같은 코드를 지니고 있어야 제대로 된 소통이 이뤄진다. 만일 '의자'라는 단어를 듣는다면 청자는 직장인, 학생, 주부 등등 각자의 상황에 따라 서로 다른 이미지를 떠올릴 것이다. 직장인들은 회사의 업무용 의자를, 학생들은 학교의 의자를, 주부들은 집에 있는 식탁 의자를 제일 먼저 생각해낼 것이다. 자신의 주장만이 옳다는 유언무언의 권위주의적 행태는 당연히 건강한 대화, 좋은 관계 형성으로 가는 데 크나큰 걸림돌일 것이다. '지도'와 '영토'가 엄연히 다르다. 그것을 깨닫고 대화를 통해 그 두 가지를 하나로 모으고 더 나아가 다른 사람들과의 간극을 좁혀 나가야 한 차원 더 높은 성공적이고 유기적인 인간관계의 문이 열리게 될 것이다.

《지도 밖으로 행군하라》라는 책은 한비야가 5년 동안 월드비전 긴급구호 팀장으로 세계 오지를 다니며 긴급구호 하는 현장의 내용이다. 그녀가 다니는 곳은 우리가 알 정도로 뉴스에도 많이 나오고 전쟁도 많이 나면서 무섭고 사람들이 가기를 기피하는 나라들이 많다. 예를 들어 아프가니스탄, 아프리카, 이라크, 네팔, 팔레스타인, 이스라엘, 등등 딱 듣기에도 나 또한 왠지 가면 무서울 것 같아서 꺼려지는 곳이

다. 이밖에도 많고 많은 나라가 긴급구호의 도움을 필요로 하고 있다. 물론 나도 이러한 사실을 알고 있고 그들이 많은 도움이 필요하다는 사실도 알고 있다. 하지만 그곳 사람들의 사정을 안타까워하면서도 막상 도와준 적은 별로 없고 '학생이니까 아직은 힘들겠지' 라는 말로 스스로 타협하며 그냥 넘어간 적이 한 두 번이 아니다.

한비야는 누가 시키지도 않은 힘든 일을 희생정신 그것 하나로 몇 년간 긴급구호를 했다는 것이다. 물론 한비야 외에도 이런 일들을 하는 사람은 많다. 한비야가 더욱 인상 깊은 일은 그냥 우리나라에 있으면서 물자를 보내주는 것도 큰 도움이 될 텐데 현지에 직접 나가서 봉사활동을 한다는 점이다. 그것도 시설이 갖춰진 곳이 아닌 지뢰와 총기 전쟁이 난무하는 전쟁터로 간다는 점이다. 솔직히 나라면 그런 곳에 봉사활동을 간다고 해도 몇 번은 생각하고 갔을 것이고 무섭다는 생각을 하면서 내 몸 하나 간수하기 바쁠 것이다.

그런데 한비야는 자신의 몸 하나 간수하지 않고 오직 그곳에 있는 사람들만을 위하고 그곳의 작은 생명 하나하나를 위해 노력하며 한국과는 머나먼 그런 나라를 위해 항상 뛴다. 월드비전의 긴급구호 팀은 몸값이 없다는 것이었다. 더욱 놀라운 것은 이러한 사실을 알고도 더욱 힘내서 봉사 활동하는 긴급구호 팀이다. 이들은 오직 남을 위한다는 신념으로 그런 무서운 말을 듣고도 열심히 활동한다. 그저 하고 싶다는 이유 하나로 그냥 집에서 편하게 보낼 수 있는 안락한 삶을 버리고 순수하게 남을 도와주는 한비야의 모습에 정말 가식적이지 않은 마음 깊숙이 존경하는 마음이 든다.

요즘 글로벌 리더에 대한 관심이 부쩍 높아졌다. 많은 사람들이 글로벌 리더에 대한 이야기를 하고, 학생들도 글로벌 리더로서의 자질을 갖춰야 한다는 이야기를 많이 듣고 있다. 그러나 책임 있는 시민의식은 결여된 채 글로벌 리더에 대해 이야기하는 것은 자칫 무한경쟁주의나 이기주의를 낳을 수도 있다. 요즘 인터넷에 올라오는 지하철 무개념녀라든지, 선생님 놀리기 동영상 등을 대할 때마다 장애우에 대한 배려나 어른에 대한 예의는 없어지고, 교권은 땅에 떨어졌다는 말을 실감하게 됩니다.

우리는 저마다 머릿속에 자신이 그리는 지도를 가지고 살아간다. 자신이 살고 있는 일부 지역만을 인식하며 살아가기도 하고, 선진국이나 자신과 교류가 많은 지역을 인식하기도 한다. 그러나 지구마을 시대를 살아가면서 지구마을의 한 구성원으로서 권리와 책임을 다하려면 기존에 가지고 있던 편협하고 왜곡된 지도 밖으로 나아가야 한다. 이렇게 지도 밖으로 나아간다는 것은 글로벌 리더의 자질을 갖추는, 세계시민이 되어져 가는 과정이 아닐까 한다. 우리가 가지고 있는 인종과 문화에 대한 편견, 갈등과 분쟁의 불씨, 이기주의와 국수주의 등의 지도를 넘어 모든 사람이 소중하고 평등한 세계, 다름을 인정하고, 다양성의 즐거움을 나누는 세계, 마음의 장벽을 허물고 평화가 정착되는 세계, 당장의 편리함보다 환경을 먼저 생각하는 세계, 나눔을 실천하는 세계를 만들어가는 과정으로 말이다. 이제 우리도 지도 밖으로 나아가야 한다.

우리는 처음부터 큰 꿈을 가지게 되진 않는다. 하지만 자신에게 주어진 삶을 살기 위해 갈수록 좀 더 큰 꿈을 가지게 된다. 그 꿈이 바로 물지게이다. 물지게가 커질수록 한 번에 나르는 양은 많았지만 그만큼 나르기가 힘들어진다. 우리의 꿈이 커질수록 그 꿈을 이루기 위해서는 더 힘든 난관들이 자리 잡고 있다. 주인이 일꾼에게 물을 채우라 했듯이 우리에게 삶의 과제들은 생겨난다. 일꾼은 많은 난관을 헤치고 주인이 정해준 통을 한 개 한 개 채워나가면서 성장할 수 있었다. 그렇듯이 우리 또한 힘들고 어려운 난관에 봉착할지라도, 최선을 다해 그 과제들을 끝까지 해낸다면 우리는 한 단계 더 성장하게 된다.

세상에는 멋진 직업들이 많다. 그냥 말 그대로 멋진 직업, 돈도 많이 벌고 머리부터 발끝까지 번쩍번쩍한 직업들 말이다. 마음속부터 만족감과 따뜻함이 묻어나는 직업이 멋진 직업이라고 생각한다. 잘 나가던 직장을 그만두고 걸어서 세계여행을 시작한 한비야, 목숨을 건 긴급구호 활동을 자발적으로 시작한 한비야, 자신이 원하는 일에 대한 꿈과 사람을 돕고 싶다는 마음을 가진 한비야, 안락한 현재를 잃는 것을 두려워하지 않았던 한비야이다. 그녀가 진정 멋진 사람이다. 자신의 마음속에 있는 지도를 벗어나라. 지도 밖으로 자신의 꿈을 향해 나아가라. 자신이 진정하고 싶은 꿈을 향해서 장소에 국한하지 말고, 자신의 맘속 지도에서 벗어나서 자신의 꿈을 향해서 전진하라. 그것도 큰 꿈! 꿈 너머 꿈을 향해서 나아가라. 그러면서 지구마을의 사람들과 인간관계를 맺어라. 한번 살다가 왔던 곳으로 돌아갈 인생! 멋지고 의미 있는 삶을 위해, 자신의 원대한 꿈을 위해 지구 밖으로 행군하라!

세상을 움직이는 힘은 바로 사람에게서다

행동이 말보다 낫고, 관계가 결과를 낳는다. 자신의 어려움은 우정 깊은 이와 나누고, 친구의 어려움은 먼저 헤아려보는 여유를 가져라. 공통 관심사를 가진 친구도 좋지만, 영감을 주고 자극을 주는 배움의 친구를 마치 연애 상대를 찾듯이 만들어보라. 신은 메아리이다. 그것도 우리가 생각한 것만을 돌려주는 메아리이다. 메아리와 같은 신은 내가 던진 말을 그대로 던진다. 참 멋없고 줏대 없는 신이라고 생각할지 모르겠지만 신의 특성을 알고 나면 그다음은 쉽다. 내가 듣고 싶은 말만 던지면 되는 것이다. 이보다 더 쉬운 일이 어디 있으랴. 지금 당신이 듣고 싶은 말을 해보라. 신은 당신에게 그대로 돌려줄 것이다.

돈을 벌려면 투자를 해야 하는 것처럼 내일을 벌려면 오늘을 투자해야 한다. 과거는 수효가 지난 수표이고 약속일 뿐이다. 그러나 현재는 당장 사용이 가능한 현찰이다. 오늘 게으른 사람은 영원히 게으르다. 오늘은 이 땅 위에 남은 내 첫날이다. 오늘은 오늘 그 자체만으로도 아름다운 미래로 가는 길목이다. 그러므로 오늘이 아무리 고달프고 괴로운 일이 발목을 잡는다 해도 그 사슬에 매여 결코 주눅이 들어서는 안 된다. 그 사슬에서 벗어나려는 노력과 용기가 필요하다. 그러므로 우리는 시간을 아껴야 한다. 미래에 희망이 보이고 현재에 만족하며 과거가 뿌듯한 사람이야말로 진정 행복한 사람이다. 항상 새로운 모습으로 오늘을 살아가야 한다. 누구에게나 공평하게 찾아오는 원칙이 바로 오늘이다.

사람들은 자기가 서있는 입장이나 자신의 직업의식으로 바라보고 생각을 한다. 자신과 달리 생긴 사람은 '틀린' 게 아니라 자신과 조금 '다를' 뿐이다. 보통 사람들과 다른 사람은 '비판의 대상'이 아니라 '이해의 대상'이다. 오른손잡이의 선입견과 편견 속에서 왼손잡이가 얼마나 힘들고 어려운지를 역지사지로 생각하자. 오른손잡이가 왼손잡이를 보는 시각을 '비판의 대상'이 아니라 '이해의 대상'이란 관점에서 바라보자. 소수자를 위해 감싸고 배려하는 사회가 진정한 선진국이다. 강가에서 또는 야생화 핀 들판에서 머리를 숙여 다리 가랑이 사이로 대자연을 거꾸로 바라보라. '틀림'과 '다름'을 스스로 알게 될 것이다. 인간과 사물에 대한 생각을 바꾸는 훌륭한 학습 방법이다.

책 읽기는 정서적으로 메마른 심성에 오아시스와 같은 존재이다. 자칫 경직되거나 편향되기 쉬운 우리의 사고에 소금으로 간을 맞추듯 균형감을 잃지 않게끔 한다. 맹자가 말했다. "시간이 없어서 책을 읽지 못하는 사람은 시간이 있어도 여전히 책을 읽지 못한다." 맞는 말이다. 바쁘다는 것은 핑계일 뿐이다. 실제로는 업무성과도 탁월하고 정말 바쁠 것 같은 사람들이 책을 한 권이라도 더 읽는다. 바빠서 시간이 없다는 핑계로 방치하고 책을 읽지 않는 것이 용서가 되어서는 안 된다. 정작 자기 그릇을 키우려는 노력은 하지 않으면서 그 그릇에 담을 빵만을 욕심내는 몰염치한 사람이 되지 말아야 한다. 마음의 문을 열고 책과 가까워지는 습관을 늦었다고 탓하지 말고 지금부터 만들어 보자. 미래가 요구하는 인재가 되도록 사고의 깊이와 폭을 넓혀서 유연성을 확보해 나가야 한다.

어떻게 해야 사람을 얻을 수 있을까? 어떻게 해야 상대를 내 사람으로 만들 수 있는가? 그것은 언제 어디서나 당신이 만난 사람들을 돋보이게 만들어주면 된다. 언제 어디서나 당신이 상대를 따뜻하게 배려하고 있음을 드러내야 한다. 사람들이 당신을 다시 만나고 싶어 하게끔 이끌어야 한다. 사람들의 강점을 부각시키고 약점과 실수는 덮어줘야 한다. 당신의 부드럽고 따뜻한 카리스마의 힘 안으로 끊임없이 사람들을 끌어들여야 한다.

한마디로 말해 당신은 언제 어디서나 호감을 주는 매력적인 사람이 되어야 한다. 당신이 갖고 있는 매력을 사람들에게 효과적으로 전달하는 방법들에 대해 성찰할 줄 알아야 한다. 이와 동시에 상대의 숨겨진 매력을 찾아낼 수 있는 혜안을 갖출 수 있는 노하우의 모색이 필요하다. 따라서 당신은 성공과 행복, 인생에 등불이 되어줄 사람을 얻는 데 필요한 유쾌한 전략과 전술, 따뜻한 카리스마와 철학을 만날 수 있다.

세상 모든 일은 결국 사람이 하는 일이다. 세상을 움직이는 힘은 바로 사람에게서 비롯된다. 따라서 국가나 기업은 물론 각 개인의 인생에서 가장 중요한 자산은 바로 '사람'이다. 세상살이에 대한 결론이 여기에 닿으면, 세상을 살아가는 이치 또한 자명해진다. 즉 언제 어디서나 사람을 얻어야 한다. 성공에 필요한 사람을 얻어야 하고, 행복을 함께 나눌 사람을 얻어야 하고, 풍요한 인생에 밝고 따뜻한 등불이 되어줄 사람을 얻어야 한다.

새로운 사람을 만나고 사귀는 데 자신이 없는 독자들, 인간관계를 새롭게 혁신하고자 하는 독자들, 나아가 인생에서 좀 더 큰 성취를 이루고자 하는 독자들에게 자존감을 키워라 권한다. 넓고 깊은 바다만큼 자존감을 키워라. 그 자존감은 독서를 통하여 넓어지고 깊어질 수 있음을 알아야 한다. 자존감이 튼튼해야 인간관계의 폭을 넓혀 나갈 수 있다. 모든 인간관계는 가정에서 시작되고, 그 인간관계의 형성은 독서에서 시작됨을 잊지 말아야 한다.

도대체 언제까지
인간관계로
힘들어야 하는가

초판 1쇄 인쇄 _ 2019년 12월 20일
초판 1쇄 발행 _ 2019년 12월 25일

지은이 _ 성남주

펴낸곳 _ 바이북스
펴낸이 _ 윤옥초
책임 편집 _ 김태윤
책임 디자인 _ 이민영

ISBN _ 979-11-5877-148-5 03190

등록 _ 2005. 7. 12 | 제 313-2005-000148호

서울시 영등포구 선유로49길 23 아이에스비즈타워2차 1005호
편집 02)333-0812 | 마케팅 02)333-9918 | 팩스 02)333-9960
이메일 postmaster@bybooks.co.kr
홈페이지 www.bybooks.co.kr

책값은 뒤표지에 있습니다.
책으로 아름다운 세상을 만듭니다. ― 바이북스